Sistema de Gerenciamento de Banco de Dados Geoespacial - SGBDG

Geo Report

2023

Prefácio

Navegando no Futuro com a Geo Report

Caro Leitor,

É com grande prazer que lhe damos as boas-vindas ao mundo da tecnologia, análise de dados geoespaciais e educação contínua por meio deste livro. Aqui, você entrará em contato com os conceitos mais avançados e as informações mais atualizadas em um cenário em constante evolução, guiado pela Geo Report, uma empresa apaixonada por educação e inovação.

A Geo Report é muito mais do que apenas uma empresa; é um projeto que tem como missão iluminar o caminho daqueles que desejam explorar a fronteira do conhecimento. Fundada como uma EdTech e GISTech, a Geo Report oferece serviços que vão desde a geração de relatórios de inteligência até a produção de recursos educacionais que capacitam indivíduos e organizações a enfrentar os desafios do mundo moderno.

Relatórios de Inteligência e Análise de Dados Geoespaciais: Imagine tomar decisões estratégicas com base em informações precisas e atualizadas. A Geo Report utiliza tecnologia de ponta para ajudar empresas e organizações a transformar dados geoespaciais em insights valiosos, proporcionando vantagens competitivas significativas.

Educação Contínua: O aprendizado é uma jornada sem fim, e a Geo Report está empenhada em ser o seu guia nessa jornada. Nossos livros e materiais educacionais promovem tanto os conceitos básicos quanto os conhecimentos avançados sobre tecnologia, apoiando estudantes, profissionais e entusiastas que buscam se aprimorar e prosperar em um mundo movido pela inovação.

Atualização Tecnológica: No universo em constante mudança da tecnologia, ficar desatualizado pode ser uma desvantagem crítica. A Geo Report mantém um olhar atento sobre as tendências tecnológicas emergentes e compartilha essas informações com você, garantindo que você esteja sempre um passo à frente.

Este livro é apenas uma das muitas ferramentas que a Geo Report oferece para capacitar você a navegar no vasto oceano da tecnologia. Ao folhear estas páginas, você se prepara para embarcar em uma jornada que o levará a descobrir o poder da análise de dados geoespaciais, a entender os conceitos essenciais da tecnologia e a se manter atualizado sobre as mais recentes inovações.

À medida que mergulha no conteúdo deste livro, lembre-se de que a Geo Report está ao seu lado, pronta para guiá-lo e apoiá-lo em sua busca pelo conhecimento e pela excelência tecnológica. O futuro é sua tela em branco, e nós estamos aqui para ajudá-lo a pintar a imagem mais brilhante possível.

Bons estudos e uma jornada de aprendizado repleta de descobertas!

Atenciosamente,

Colaboradores Geo Report

Capítulo 1: Introdução aos Sistemas de Gerenciamento de Banco de Dados Geoespacial

1.1. O que é um Banco de Dados Geoespacial?

Um Banco de Dados Geoespacial, em termos simples, é um sistema de armazenamento de informações que lida com dados relacionados a locais geográficos. Sua função fundamental é organizar e armazenar informações que têm alguma conexão com lugares específicos na Terra.

Imagine que você tem um mapa digital no seu telefone. Esse mapa usa um Banco de Dados Geoespacial para armazenar informações sobre estradas, edifícios, pontos de interesse e muito mais. Quando você procura um restaurante próximo ou obtém direções para um destino, o Banco de Dados Geoespacial ajuda a encontrar e mostrar essas informações na localização correta no mapa.

Um Banco de Dados Geoespacial ajuda a manter e acessar informações relacionadas a locais geográficos, tornando mais fácil para nós entendermos, navegar e tomar decisões com base na localização. Ele é essencial em muitas aplicações, como sistemas de GPS, planejamento urbano, agricultura de precisão e muito mais.

1.2. Importância do Gerenciamento Geoespacial

O gerenciamento geoespacial desempenha um papel vital nos dias de hoje devido à sua importância crescente em diversas áreas. Ele envolve a coleta, armazenamento, análise e apresentação de dados relacionados a locais geográficos e é fundamental por várias razões, proporcionando uma série de benefícios em áreas como planejamento urbano, agricultura e tomada de decisões. Aqui estão algumas razões pelas quais o gerenciamento geoespacial é tão importante:

1. Planejamento Urbano Eficiente: No contexto do crescimento das cidades, o gerenciamento geoespacial auxilia na análise de dados sobre uso da terra, infraestrutura e transporte. Isso permite um planejamento urbano mais eficiente, resultando em cidades mais sustentáveis, acessíveis e agradáveis para os habitantes.

2. Agricultura de Precisão: A agricultura moderna depende muito do gerenciamento geoespacial. Os agricultores usam dados geoespaciais para otimizar a irrigação, aplicação de fertilizantes e pesticidas, além de monitorar as safras. Isso aumenta a produtividade e reduz o desperdício de recursos.

3. Gestão de Recursos Naturais: A conservação de recursos naturais, como florestas, rios e áreas

protegidas, depende do gerenciamento geoespacial. Os dados geoespaciais ajudam na identificação de áreas críticas para a biodiversidade e na gestão sustentável desses recursos.

4. Segurança Pública e Resposta a Desastres: Em situações de emergência, como desastres naturais ou crises de saúde pública, o gerenciamento geoespacial permite uma resposta rápida e eficaz. Localizar áreas afetadas, coordenar esforços de resgate e distribuir recursos torna-se muito mais eficiente.

5. Tomada de Decisões Baseada em Dados: Para governos e empresas, tomar decisões informadas é essencial. O gerenciamento geoespacial fornece dados precisos sobre mercados, distribuição de recursos e análise de concorrência, tornando as decisões mais sólidas.

6. Transporte e Logística: Empresas de transporte e logística utilizam dados geoespaciais para otimizar rotas, reduzir custos e melhorar a entrega de mercadorias. Isso beneficia tanto as empresas quanto os consumidores.

7. Gestão de Ativos: Empresas que possuem ativos distribuídos geograficamente, como redes de energia, gasodutos e telecomunicações, dependem do gerenciamento geoespacial para rastrear, manter e atualizar esses ativos de maneira eficaz.

8. Meio Ambiente e Conservação: O estudo das mudanças climáticas, a conservação da biodiversidade e a análise de impacto ambiental dependem de dados geoespaciais. Eles ajudam a identificar tendências e direcionar esforços de conservação.

O gerenciamento geoespacial desbloqueia uma riqueza de informações valiosas sobre nosso mundo, permitindo que tomemos decisões mais inteligentes e sustentáveis em uma ampla gama de áreas. À medida que a tecnologia avança, a importância do gerenciamento geoespacial continuará a crescer, oferecendo soluções cada vez mais inovadoras e impactantes para os desafios do nosso tempo.

1.3. Aplicações de Sistemas de Gerenciamento de Banco de Dados Geoespacial

Os sistemas de gerenciamento de banco de dados geoespacial (SGBD Geoespacial) têm uma ampla gama de aplicações em diversos setores, aproveitando a capacidade de armazenar, analisar e visualizar informações baseadas em localização geográfica. Aqui estão algumas das aplicações práticas em diferentes setores:

1. Geografia e Cartografia:

- Mapeamento Topográfico: Os SGBD Geoespaciais são usados para criar mapas topográficos precisos, mostrando detalhes do terreno, elevações e características geográficas.

- Atualização de Mapas: Permitem a atualização contínua de mapas com informações em tempo real, como mudanças nas vias públicas e construções.

2. Navegação e GPS:

- Navegação Veicular: Sistemas de GPS usam SGBD Geoespacial para fornecer orientação precisa de direção e informações de trânsito em tempo real.

- Navegação ao Ar Livre: Auxiliam em atividades como caminhadas, escaladas e ciclismo, oferecendo mapas interativos e coordenadas precisas.

3. Meio Ambiente:

- Monitoramento Ambiental: Utilizados para rastrear a poluição do ar e da água, desmatamento, mudanças climáticas e padrões de migração de espécies.

- Gestão de Recursos Naturais: Ajudam a gerenciar recursos como florestas, parques naturais e reservas, facilitando a conservação.

4. Agricultura:

- Agricultura de Precisão: Permitem o monitoramento das safras, análise do solo e aplicação precisa de recursos agrícolas, aumentando a produtividade e reduzindo os custos.

- Zoneamento Agrícola: Auxiliam na identificação de áreas adequadas para cultivo de culturas específicas.

5. Marketing e Comércio:
- Análise de Mercado: Facilitam a análise da localização de clientes, concorrentes e pontos de venda, ajudando as empresas a tomar decisões de expansão e marketing.
- Geomarketing: Personalizam campanhas de marketing com base na localização dos clientes, oferecendo promoções e ofertas direcionadas.

6. Planejamento Urbano e Imobiliário:
- Zoneamento Urbano: Usados para planejar o uso da terra, zonas residenciais e comerciais, e identificar áreas de desenvolvimento.
- Avaliação Imobiliária: Auxiliam na determinação do valor de propriedades com base em fatores geográficos, como localização e acessibilidade.

7. Transporte e Logística:
- Roteamento e Logística: Otimizam rotas de transporte, reduzem custos de combustível e melhoram a eficiência das entregas.
- Rastreamento de Ativos: Permitem o rastreamento em tempo real de veículos, carga e ativos em trânsito.

8. Saúde Pública:

- Epidemiologia: Ajudam a mapear a propagação de doenças, identificar áreas de alto risco e planejar campanhas de vacinação.

- Gestão de Recursos de Saúde: Auxiliam na alocação de recursos médicos com base na densidade populacional e necessidades geográficas.

Essas são apenas algumas das muitas aplicações dos SGBD Geoespaciais. À medida que a tecnologia e os dados geoespaciais continuam a evoluir, novas oportunidades e soluções estão constantemente surgindo em diversos setores, melhorando a eficiência, a tomada de decisões e a compreensão do mundo que nos cerca.

1.4. Desafios na Gestão de Dados Geoespaciais

A gestão de dados geoespaciais, embora seja uma parte fundamental da tecnologia moderna, enfrenta diversos desafios que podem complicar a coleta, o armazenamento e o uso eficaz dessas informações. Aqui estão alguns dos desafios comuns e maneiras de superá-los:

1. Precisão dos Dados:

- Desafio: A precisão dos dados geoespaciais é crítica, especialmente em aplicações como navegação, agricultura de precisão e análise ambiental. Erros de localização podem ter consequências significativas.

- Superando o Desafio: A coleta de dados precisa é fundamental. Isso pode ser alcançado por meio de tecnologias avançadas de sensoriamento, como GPS de alta precisão, e validação constante dos dados com fontes confiáveis. Além disso, a correção de erros deve ser incorporada nos processos.

2. Interoperabilidade de Sistemas:
- Desafio: Muitas vezes, diferentes sistemas e plataformas usam formatos de dados geoespaciais diferentes, dificultando a integração e a troca de informações entre eles.
- Superando o Desafio: A padronização é crucial. O uso de padrões abertos, como o formato Shapefile ou o padrão GeoJSON, ajuda a garantir que os dados possam ser compartilhados e integrados de forma mais eficaz. Além disso, a implementação de protocolos de interoperabilidade, como o OGC (Open Geospatial Consortium), facilita a comunicação entre sistemas.

3. Questões de Privacidade e Segurança:
- Desafio: Dados geoespaciais frequentemente incluem informações sensíveis, como a localização de residências e empresas. Garantir a privacidade e a segurança desses dados é crucial.
- Superando o Desafio: A anonimização dos dados é uma abordagem comum para proteger a privacidade. Isso envolve a remoção ou ofuscação de informações pessoais identificáveis. Além disso, a implementação de

medidas de segurança cibernética, como criptografia e autenticação, ajuda a proteger dados sensíveis contra acessos não autorizados.

4. Volume e Velocidade dos Dados:

   - Desafio: Com a proliferação de dispositivos móveis, sensores e tecnologias de coleta de dados, a quantidade de informações geoespaciais geradas é imensa. Lidar com grandes volumes de dados em tempo real pode ser desafiador.

   - Superando o Desafio: A computação em nuvem e o processamento distribuído são soluções viáveis para lidar com grandes volumes de dados. Além disso, algoritmos de compressão e técnicas de gerenciamento de dados em streaming podem ajudar a lidar com a velocidade dos dados em tempo real.

5. Custos e Acesso aos Dados:

   - Desafio: Aquisição e manutenção de dados geoespaciais de alta qualidade podem ser caras. Além disso, o acesso a dados de qualidade pode ser limitado em algumas regiões.

   - Superando o Desafio: Parcerias público-privadas podem ajudar a compartilhar custos e recursos para coleta de dados. Além disso, políticas de dados abertos podem tornar mais acessíveis informações geoespaciais básicas, beneficiando uma ampla gama de usuários.

   Superar esses desafios na gestão de dados geoespaciais requer um esforço colaborativo de governos, empresas e comunidades de pesquisa. A constante inovação tecnológica e a conscientização sobre questões de qualidade, interoperabilidade e segurança são cruciais para aproveitar ao máximo o poder dos dados geoespaciais em nossas vidas cotidianas e em aplicações críticas.

1.5. Visão Geral dos Capítulos

Este livro oferece uma exploração abrangente e aprofundada do mundo dos sistemas de gerenciamento de banco de dados geoespacial. Ao longo dos próximos capítulos, mergulharemos em uma jornada que abrange desde os fundamentos dos dados geoespaciais até sua aplicação prática em diversos setores. Inicialmente, nos concentramos em estabelecer uma compreensão sólida da natureza dos dados geoespaciais e como eles são modelados. Em seguida, exploramos as ferramentas e técnicas essenciais para consultas espaciais, importação/exportação de dados e integração com outras aplicações. Abordamos, ainda, desafios e considerações críticas, como segurança, ética e tendências futuras. Com estudos de caso ilustrativos e exemplos práticos, este livro é projetado para ajudar os leitores a dominar o uso dos Sistemas de Gerenciamento de Banco de Dados Geoespacial e a compreender seu impacto transformador em uma variedade de setores, desde planejamento urbano e agricultura até marketing e preservação ambiental.

Prepare-se para uma jornada emocionante pelo vasto mundo dos dados geoespaciais e suas aplicações interdisciplinares.

Capítulo 2: Fundamentos de Dados Geoespaciais

2.1. Dados Geoespaciais e sua Natureza

Dados geoespaciais, também conhecidos como dados espaciais ou geodados, referem-se a informações que estão diretamente associadas a uma localização geográfica específica na Terra. Esses dados são caracterizados por sua natureza única, que se baseia em coordenadas geográficas, como latitude e longitude, para descrever a posição de objetos, eventos ou fenômenos na superfície terrestre. Aqui estão algumas características distintivas dos dados geoespaciais:

1. Localização Geográfica: A característica fundamental dos dados geoespaciais é sua associação direta com uma localização geográfica específica. Cada ponto ou elemento nos dados possui coordenadas geográficas que o identificam de maneira única em relação à superfície da Terra.

2. Variedade de Tipos de Dados: Os dados geoespaciais podem representar uma ampla variedade de informações, incluindo pontos de interesse, estradas, fronteiras, elevações do terreno, cobertura vegetal, dados climáticos e muito mais. Essa diversidade de tipos de dados permite que informações detalhadas sobre o ambiente natural e construído sejam capturadas e analisadas.

3. Caráter Dinâmico: Os dados geoespaciais podem ser estáticos, como a localização de uma cidade, ou dinâmicos, como a posição em constante mudança de um veículo em movimento. Isso permite o rastreamento em tempo real e a análise de movimentos e tendências.

4. Referência Espacial: Os dados geoespaciais são referenciados espacialmente por meio de sistemas de coordenadas geográficas, sistemas de projeção cartográfica e outros métodos que permitem a representação precisa da superfície terrestre em mapas e sistemas de informações geográficas (SIG).

5. Aplicações Diversas: Devido à sua capacidade de representar informações em um contexto de localização, os dados geoespaciais são essenciais em uma ampla variedade de aplicações, como planejamento urbano, agricultura de precisão, navegação GPS, monitoramento ambiental, logística, marketing, análise epidemiológica e muito mais. Eles fornecem insights valiosos para tomada de decisões e solução de problemas em muitos campos.

6. Integração de Dados: Dados geoespaciais frequentemente são integrados com outras fontes de dados, como dados demográficos, econômicos ou sociais. Essa integração enriquece a compreensão dos contextos em que os eventos ou objetos geoespaciais ocorrem.

Os dados geoespaciais são informações que possuem coordenadas geográficas e estão intrinsecamente ligados à localização na Terra. Esses dados desempenham um papel fundamental em uma ampla gama de aplicações, permitindo a análise de padrões geográficos, suporte à tomada de decisões e a capacidade de compreender melhor o mundo que nos cerca, tornando-se uma ferramenta valiosa em nosso cotidiano e em muitas disciplinas.

2.2. Sistemas de Coordenadas Geográficas

Os sistemas de coordenadas geográficas são sistemas de referência que permitem a representação precisa e única de pontos ou localizações na superfície da Terra. Esses sistemas são essenciais para a cartografia, navegação, geodésia, análise geoespacial e muitas outras aplicações que dependem da descrição precisa da posição geográfica. Eles funcionam por meio da combinação de duas coordenadas principais: latitude e longitude.

- Latitude: A latitude é a coordenada que mede a distância de um ponto em relação à linha do Equador. Ela varia de -90° (no Polo Sul) a +90° (no Polo Norte). Pontos no Equador têm uma latitude de 0°, e a latitude aumenta à medida que nos movemos em direção aos polos.

- Longitude: A longitude é a coordenada que mede a distância de um ponto em relação ao Meridiano de Greenwich, que é considerado o ponto de referência para a longitude. Ela varia de -180° (a oeste do Meridiano de Greenwich) a +180° (a leste do Meridiano de Greenwich). Os pontos no próprio Meridiano de Greenwich têm uma longitude de 0°, e a longitude aumenta tanto a leste quanto a oeste do meridiano.

Combinando latitude e longitude, podemos determinar com precisão a localização de qualquer ponto na superfície terrestre. Por exemplo, a cidade de Nova York tem uma latitude de aproximadamente 40.7128°N (40,7128 graus ao norte do Equador) e uma longitude de aproximadamente 74.0060°W (74,0060 graus a oeste de Greenwich).

Além das coordenadas geográficas, existem outros sistemas de coordenadas geodésicas, como o sistema UTM (Universal Transverse Mercator), que divide a Terra em zonas e utiliza coordenadas cartesianas para representar localizações dentro de cada zona. Outros sistemas, como coordenadas geocêntricas, são usados em geodésia avançada e aplicações científicas.

Os sistemas de coordenadas geográficas são a base para a representação de pontos na superfície da Terra. Eles fornecem uma maneira precisa e universalmente reconhecida de descrever localizações geográficas, facilitando a navegação, cartografia e uma variedade de aplicações que dependem de informações de localização.

2.3. Representação de Dados Geoespaciais

A representação de dados geoespaciais desempenha um papel fundamental na compreensão e comunicação de informações sobre a Terra. Existem várias formas de representar esses dados, cada uma com suas próprias vantagens e desvantagens. Aqui estão algumas das principais formas de representação:

1. Mapas:
 - Vantagens: Os mapas oferecem uma representação visual direta da geografia terrestre, permitindo que as pessoas vejam a distribuição espacial de recursos, fronteiras políticas, características naturais e muito mais. Eles são amplamente utilizados em navegação, planejamento urbano e educação geográfica.
 - Desvantagens: A escala dos mapas pode afetar a precisão da representação, e certas características geográficas podem ser simplificadas ou distorcidas. Além disso, a atualização de mapas pode ser um processo demorado.

2. Imagens de Satélite:
 - Vantagens: As imagens de satélite oferecem uma visão detalhada e atualizada da superfície terrestre.

Elas são úteis em monitoramento ambiental, previsão do tempo, agricultura de precisão e análises urbanas.

- Desvantagens: A disponibilidade e a resolução das imagens podem variar. Além disso, as condições climáticas e a cobertura de nuvens podem afetar a qualidade das imagens.

3. Modelos Digitais de Terreno (MDT):

- Vantagens: Os MDTs representam a topografia da Terra com detalhes precisos. São usados em planejamento de infraestrutura, análise de visibilidade, simulação de inundação e muito mais.

- Desvantagens: A criação de MDTs requer levantamentos topográficos ou dados de sensores remotos, o que pode ser caro e demorado. Além disso, a resolução dos MDTs pode variar.

4. Sistemas de Informação Geográfica (SIG):

- Vantagens: Os SIG permitem a integração e análise de diversos tipos de dados geoespaciais em uma única plataforma. Eles são altamente flexíveis e personalizáveis, sendo usados em uma ampla gama de aplicações, desde planejamento urbano até análise de mercado.

- Desvantagens: A implementação e a manutenção de SIG podem ser complexas e exigir treinamento especializado. Além disso, a qualidade dos resultados depende da qualidade dos dados de entrada.

5. Realidade Virtual e Realidade Aumentada:

- Vantagens: Essas tecnologias permitem uma experiência imersiva que combina dados geoespaciais com o mundo real. São usadas em educação, turismo, treinamento militar e visualização de projetos.

- Desvantagens: Requerem hardware especializado, como óculos de realidade virtual ou smartphones com recursos de realidade aumentada. Além disso, a precisão da sobreposição de dados no mundo real pode variar.

Cada método de representação de dados geoespaciais tem seu lugar e aplicação adequados, e a escolha depende das necessidades específicas do projeto e das limitações de recursos. Muitas vezes, uma combinação de várias formas de representação é usada para obter uma compreensão abrangente do ambiente geográfico e apoiar decisões informadas em uma variedade de setores.

2.4. Tipos de Dados Geoespaciais

Os dados geoespaciais podem ser divididos em dois principais tipos: dados vetoriais e dados matriciais. Cada tipo tem suas características distintas e aplicações em diferentes contextos do mundo real:

1. Dados Vetoriais:

- Características: Os dados vetoriais representam informações geoespaciais por meio de objetos geométricos discretos, como pontos, linhas e polígonos. Cada objeto é definido por coordenadas geográficas (latitude e longitude) e atributos associados, como nome, população, categoria, etc.

- Exemplos de Aplicações:

- Mapas Rodoviários: Os dados vetoriais são usados para representar redes de estradas, com informações detalhadas sobre estradas, interseções e pontos de referência.

- Cadastros Municipais: São usados para mapear propriedades, suas fronteiras e informações sobre propriedade, como proprietário e valor avaliado.

- Planejamento Urbano: Permitem a representação de zonas de uso da terra, áreas verdes, limites administrativos e infraestrutura urbana.

- Redes de Telecomunicações: São usados para mapear a localização de torres de celular, cabos de fibra óptica e pontos de acesso à internet.

2. Dados Matriciais:

- Características: Os dados matriciais representam informações geoespaciais como uma grade de células, onde cada célula possui um valor ou atributo associado. Essas grades podem representar diversas informações, como elevação do terreno, temperatura, precipitação e imagens de satélite.

- Exemplos de Aplicações:

- Modelagem de Elevação Digital (DEM): Dados matriciais DEM representam a topografia da Terra, sendo usados em simulações de inundação, planejamento de estradas e análise de visibilidade.

- Imagens de Satélite: Dados matriciais de imagens de satélite são amplamente utilizados em monitoramento ambiental, detecção de mudanças na cobertura terrestre, agricultura de precisão e previsão do tempo.

- Mapas de Uso da Terra: Representam a cobertura terrestre em uma grade de células, sendo úteis em análises de mudança do uso da terra e planejamento urbano.

- Dados Climáticos: Dados matriciais podem representar variáveis climáticas como temperatura, umidade e precipitação, sendo cruciais para previsões climáticas e estudos de impacto ambiental.

A escolha entre dados vetoriais e matriciais depende da natureza dos dados, das necessidades da aplicação e da precisão requerida. Enquanto dados vetoriais são ideais para representar características bem definidas, como estradas e fronteiras, dados matriciais são mais adequados para representar fenômenos contínuos, como elevação do terreno e dados climáticos. Em muitos casos, uma combinação dos dois tipos de dados é usada para obter uma visão abrangente do ambiente geoespacial.

2.5. Qualidade dos Dados Geoespaciais

A qualidade dos dados geoespaciais desempenha um papel fundamental em todas as aplicações que dependem de informações de localização, desde navegação e planejamento urbano até monitoramento ambiental e análise de mercado. A qualidade dos dados se refere à precisão, integridade, atualização e confiabilidade das informações geoespaciais. Aqui estão os principais fatores que podem afetar a qualidade dos dados geoespaciais:

1. Precisão:
- A precisão refere-se à proximidade entre a localização geoespacial registrada nos dados e a localização real no terreno. Dados imprecisos podem levar a erros significativos em aplicações como navegação, agricultura de precisão e monitoramento ambiental.

2. Integridade:
- A integridade dos dados envolve a consistência e a completude das informações geoespaciais. Dados incompletos ou inconsistentes podem levar a interpretações errôneas e decisões inadequadas.

3. Atualização:
- A atualização se refere à frequência com que os dados são atualizados para refletir mudanças no mundo real. Dados desatualizados podem ser problemáticos

em situações onde as condições mudam rapidamente, como em casos de desastres naturais ou desenvolvimento urbano.

4. Fonte de Dados:
   - A qualidade dos dados geoespaciais muitas vezes depende da fonte de onde foram coletados. Dados de alta qualidade geralmente são provenientes de fontes confiáveis, como levantamentos topográficos precisos ou imagens de satélite de alta resolução.

5. Erros de Digitalização e Processamento:
   - Erros introduzidos durante a digitalização, armazenamento e processamento de dados podem afetar sua qualidade. É importante minimizar esses erros por meio de técnicas de validação e controle de qualidade.

6. Resolução e Escala:
   - A resolução dos dados geoespaciais também influencia sua qualidade. Dados de baixa resolução podem não capturar detalhes importantes, enquanto dados de alta resolução podem ser excessivamente detalhados para algumas aplicações.

A qualidade dos dados geoespaciais é fundamental em decisões baseadas em localização, pois erros ou informações imprecisas podem ter sérias consequências. Por exemplo, em um sistema de navegação, a falta de precisão pode levar um veículo para uma estrada errada, enquanto na agricultura de precisão, a imprecisão nos dados de plantio pode resultar em uso excessivo de recursos como água e fertilizantes.

Além disso, em análises urbanas, a qualidade dos dados afeta o planejamento de infraestrutura e o zoneamento de uso da terra. No monitoramento ambiental, dados de baixa qualidade podem levar a decisões inadequadas que afetam a conservação e a gestão de recursos naturais.

Portanto, garantir a qualidade dos dados geoespaciais é essencial para obter resultados precisos e confiáveis em uma variedade de aplicações que dependem de informações de localização, beneficiando a tomada de decisões e a eficiência em várias áreas.

Capítulo 3: Modelagem de Dados Geoespaciais

3.1. Modelagem Conceitual de Dados Geoespaciais

A modelagem conceitual de dados geoespaciais é uma etapa fundamental no processo de desenvolvimento de sistemas de informações geográficas (SIG) e na gestão de dados geoespaciais. Essa etapa se concentra na criação de uma representação abstrata e conceitual dos dados e suas relações, sem se preocupar com os detalhes de implementação técnica, como a estrutura do banco de dados subjacente.

Aqui estão os principais aspectos da modelagem conceitual de dados geoespaciais:

1. Abstração de Dados: Na modelagem conceitual, os dados geoespaciais são representados de forma abstrata, ou seja, são descritos em termos de seus conceitos e características sem se preocupar com como esses dados serão armazenados ou acessados em um sistema real.

2. Entidades e Relações: Durante essa etapa, são identificadas as principais entidades (objetos ou conceitos) que compõem o domínio geoespacial em questão. Além disso, as relações entre essas entidades

são definidas, destacando como elas se relacionam e interagem umas com as outras.

3. Atributos: Os atributos associados às entidades também são identificados e definidos. Isso inclui informações específicas que descrevem cada entidade. Por exemplo, em um modelo conceitual para um sistema de transporte público, as entidades podem incluir "estações de metrô" e "rotas de ônibus", com atributos como "nome da estação" e "horários de partida dos ônibus".

4. Hierarquias e Agregações: Modelos conceituais também podem incluir hierarquias e agregações para organizar os dados de forma lógica. Por exemplo, um modelo pode representar "países" como agregações de "estados", e "estados" como agregações de "municípios".

5. Diagramas e Notações: A representação da modelagem conceitual frequentemente envolve o uso de diagramas e notações gráficas. Diagramas de entidade-relacionamento (DER) e diagramas UML (Unified Modeling Language) são comumente utilizados para visualizar as entidades, relações e atributos de forma clara e compreensível.

A modelagem conceitual de dados geoespaciais é crucial para garantir que os requisitos e conceitos subjacentes ao domínio geográfico sejam compreendidos e documentados de maneira precisa.

Essa abstração inicial ajuda a definir a estrutura lógica dos dados antes de iniciar a implementação técnica em um sistema de informação geográfica (SIG) ou banco de dados geoespaciais. Isso contribui para evitar problemas e retrabalho posteriormente no desenvolvimento do sistema, permitindo uma base sólida para a criação de aplicações geoespaciais eficazes e precisas.

3.2. Modelagem Lógica de Dados Geoespaciais

A modelagem lógica de dados geoespaciais é a segunda etapa crucial no desenvolvimento de sistemas de informações geográficas (SIG) e na gestão de dados geoespaciais. Após a criação da modelagem conceitual, que representa abstratamente os dados e suas relações, a modelagem lógica concentra-se em traduzir essa representação conceitual em um formato lógico e estruturado que possa ser implementado em um sistema de banco de dados. Aqui está uma explicação mais detalhada do processo de modelagem lógica de dados geoespaciais:

1. Identificação de Entidades e Atributos: Na modelagem lógica, as entidades e atributos identificados na fase conceitual são refinados e detalhados. Isso envolve a definição precisa das tabelas ou classes que representarão as entidades e seus

atributos correspondentes. Por exemplo, se a entidade conceitual era "estações de metrô" com atributos como "nome" e "localização", na modelagem lógica, você definiria uma tabela "Estações de Metrô" com colunas para cada atributo.

2. Definição de Relações: As relações entre as entidades também são traduzidas em relações lógicas em bancos de dados. Por exemplo, se havia uma relação "conecta-se a" entre "estações de metrô" e "rotas de ônibus", essa relação seria implementada por meio de chaves estrangeiras ou outros mecanismos de relacionamento em um banco de dados relacional.

3. Escolha de Tipos de Dados: A modelagem lógica requer a escolha dos tipos de dados apropriados para cada atributo. Isso inclui decidir se um atributo será uma string de texto, um número, uma data, um objeto espacial (como um ponto ou polígono), entre outros. A escolha dos tipos de dados afeta a eficiência do armazenamento e o desempenho das consultas.

4. Definição de Índices: Para otimizar o desempenho das consultas em dados geoespaciais, é comum criar índices em campos relevantes. Por exemplo, se você deseja consultar rapidamente todas as estações de metrô em uma cidade específica, pode criar um índice na coluna de localização geográfica.

5. Seleção de Sistema de Gerenciamento de Banco de Dados (SGBD): A escolha do SGBD é crucial na

modelagem lógica. Os SGBDs geoespaciais, como PostgreSQL com extensões espaciais (PostGIS) ou Oracle Spatial, são frequentemente usados para armazenar dados geoespaciais devido à sua capacidade de lidar com tipos de dados espaciais complexos.

6. Normalização de Dados: A normalização é um processo que ajuda a eliminar redundâncias e a manter a integridade dos dados. Ela envolve a organização de tabelas para minimizar a duplicação de informações.

7. Validação e Revisão: Antes de prosseguir com a implementação, a modelagem lógica passa por uma fase de validação e revisão para garantir que todas as relações, chaves estrangeiras e restrições de integridade estejam corretamente definidas.

A modelagem lógica de dados geoespaciais é uma etapa crítica que prepara o terreno para a implementação prática dos dados em um sistema de banco de dados. Ela garante que a estrutura do banco de dados seja projetada para atender aos requisitos de armazenamento e consulta de dados geoespaciais de forma eficiente e precisa, garantindo a integridade e a confiabilidade dos dados geográficos em toda a aplicação.

3.3. Modelagem Física de Dados Geoespaciais

A modelagem física de dados geoespaciais é a etapa final no processo de desenvolvimento de sistemas de informações geográficas (SIG) e na gestão de dados geoespaciais. Nessa fase, a atenção se volta para a definição de como os dados serão armazenados fisicamente em um sistema de banco de dados, considerando aspectos cruciais de desempenho, eficiência e otimização. Aqui estão os principais elementos da modelagem física de dados geoespaciais:

1. Seleção de Estruturas de Armazenamento: Na etapa de modelagem física, são selecionadas as estruturas de armazenamento que melhor se adequam aos tipos de dados geoespaciais a serem armazenados. Isso inclui a escolha de tabelas, índices e outros objetos de armazenamento.

2. Escolha de Tipos de Dados Espaciais: Um aspecto crítico da modelagem física de dados geoespaciais é a seleção dos tipos de dados espaciais apropriados para representar geometrias geográficas. Os tipos de dados espaciais variam de acordo com o sistema de gerenciamento de banco de dados (SGBD) escolhido, como pontos, linhas, polígonos ou até mesmo objetos mais complexos.

3. Índices Espaciais: Para acelerar consultas espaciais, são criados índices espaciais específicos. Esses índices ajudam a otimizar a recuperação de dados geoespaciais, permitindo que o SGBD realize consultas de maneira mais eficiente. Índices espaciais comuns incluem índices R-tree e quadtree.

4. Particionamento de Tabelas: Em sistemas com grandes volumes de dados geoespaciais, pode ser necessário dividir tabelas em partições para facilitar a gestão e melhorar o desempenho. Isso é especialmente útil para dados que são frequentemente acessados por região geográfica.

5. Otimização de Consultas: Durante a modelagem física, são consideradas técnicas de otimização de consultas espaciais. Isso envolve a análise do plano de execução das consultas para garantir que elas sejam eficientes em termos de acesso a dados.

6. Armazenamento de Metadados: Além dos dados espaciais, informações de metadados, como informações sobre projeções de coordenadas e datas de atualização, também são armazenadas fisicamente.

7. Considerações de Desempenho: Aspectos de desempenho são levados em consideração, como a escolha do local de armazenamento dos dados geoespaciais em disco, a configuração de caches e a otimização de consultas frequentes.

8. Segurança e Controle de Acesso: A modelagem física também considera aspectos de segurança, como a definição de permissões de acesso aos dados geoespaciais para garantir que apenas usuários autorizados possam acessá-los.

A modelagem física de dados geoespaciais é fundamental para garantir que os sistemas de informações geográficas (SIG) e bancos de dados geoespaciais funcionem de maneira eficiente e atendam às necessidades específicas de armazenamento e recuperação de dados espaciais. A otimização cuidadosa nessa fase pode ter um impacto significativo no desempenho das consultas e na capacidade de resposta do sistema, garantindo que os dados geoespaciais sejam gerenciados de forma eficaz e eficiente.

3.4. Bancos de Dados Espaciais

Bancos de dados espaciais são sistemas de gerenciamento de banco de dados (SGBDs) projetados especificamente para armazenar, gerenciar e consultar dados geoespaciais, ou seja, dados que estão diretamente associados a localizações geográficas na Terra. Eles diferem dos bancos de dados tradicionais em várias maneiras importantes devido à sua capacidade de lidar com informações espaciais complexas. Aqui estão as principais distinções e funcionalidades dos bancos de dados espaciais:

1. Suporte a Tipos de Dados Espaciais: Os bancos de dados espaciais oferecem suporte a tipos de dados espaciais nativos, como pontos, linhas, polígonos e geometrias mais complexas, permitindo a representação precisa de objetos e fenômenos geográficos.

2. Índices Espaciais: Eles incluem índices espaciais otimizados, como índices R-tree ou quadtree, que aceleram consultas espaciais, permitindo uma recuperação rápida de dados com base em critérios de localização.

3. Funções Espaciais: Bancos de dados espaciais fornecem um conjunto de funções espaciais que permitem realizar operações geoespaciais, como cálculos de distância, áreas, interseções e uniões entre geometrias, facilitando análises complexas.

4. Projeções Cartográficas: Eles suportam a definição e transformação de projeções cartográficas para que os dados geoespaciais possam ser representados em diferentes sistemas de coordenadas geográficas.

5. Integração de Dados: Bancos de dados espaciais permitem a integração de dados geoespaciais com dados não espaciais, como tabelas de atributos, para análises mais abrangentes.

6. Georreferenciamento: São capazes de georreferenciar dados, associando informações não geoespaciais a coordenadas geográficas para consulta e análise posterior.

7. Consultas Espaciais: Oferecem suporte a consultas espaciais complexas, como busca de pontos de interesse próximos, identificação de áreas de sobreposição entre polígonos e cálculos de rota.

8. Geoprocessamento: Muitos bancos de dados espaciais incluem funcionalidades de geoprocessamento que permitem análises avançadas, como análise de isolinhas, modelagem de terreno e simulações geoespaciais.

9. Gerenciamento de Metadados Espaciais: Eles fornecem recursos para armazenar e recuperar metadados geoespaciais, incluindo informações sobre a qualidade, fonte e projeção dos dados.

10. Visão Geral de Mapa: Alguns bancos de dados espaciais oferecem a capacidade de criar visualizações de mapa diretamente a partir dos dados armazenados, facilitando a representação gráfica dos resultados das consultas.

Os bancos de dados espaciais são projetados para lidar com as complexidades dos dados geoespaciais, fornecendo funcionalidades específicas para armazenamento, consulta e análise dessas informações. Eles desempenham um papel fundamental em uma variedade de aplicações, desde sistemas de navegação até planejamento urbano e monitoramento ambiental, permitindo que as organizações explorem e utilizem dados geoespaciais de maneira eficaz e precisa.

3.5. Indexação Espacial

A indexação espacial é uma técnica fundamental usada em sistemas de gerenciamento de bancos de dados espaciais (SGBDs) para acelerar a recuperação de dados geoespaciais. Ela se baseia na criação de estruturas de índice especiais que organizam dados geoespaciais de forma a facilitar consultas de localização e análises espaciais eficientes. O objetivo da indexação espacial é reduzir o tempo necessário para recuperar informações com base em critérios de localização, melhorando assim o desempenho de consultas espaciais. Aqui estão os principais conceitos e técnicas relacionados à indexação espacial:

1. Árvores Espaciais:
- As árvores espaciais, como a árvore R-tree (R para "retângulo"), são uma das técnicas mais comuns de indexação espacial. Elas organizam os dados em uma estrutura de árvore hierárquica, onde os nós da árvore representam regiões geográficas que agrupam objetos

espaciais. Isso permite a rápida localização de objetos dentro de áreas de interesse, reduzindo a quantidade de dados a serem considerados em cada consulta.

2. Índices de Grade:

- Índices de grade dividem o espaço geográfico em células de grade regulares. Cada objeto geoespacial é associado a uma ou mais células da grade. Esse método é simples e eficaz para consultas de proximidade e interseção, mas pode levar a índices muito grandes em áreas com alta densidade de objetos.

3. Quadtree:

- A quadtree é uma estrutura hierárquica de índice que divide repetidamente o espaço em quatro quadrantes. Ela é eficaz para consultas em regiões específicas do espaço e oferece vantagens em relação aos índices de grade em termos de adaptação a densidades variáveis de objetos.

4. Índices de Funções de Hash:

- Índices de funções de hash aplicam funções de hash a coordenadas geoespaciais para organizar os dados. Embora sejam eficazes para consultas de igualdade, eles não são tão adequados para consultas de proximidade ou faixa de valores.

5. Octrees:

- Os octrees são semelhantes às quadtrees, mas dividem o espaço tridimensional em oito octantes em vez de quadrantes. Eles são usados para indexação espacial em ambientes 3D, como visualização de terreno ou análises em três dimensões.

6. Índices de Página de Dispersão:
- Os índices de página de dispersão associam cada objeto a uma página em disco por meio de funções de dispersão. Isso ajuda na organização de objetos geoespaciais em discos e melhora o acesso a dados geoespaciais em sistemas de armazenamento de disco.

A escolha da técnica de indexação espacial depende das necessidades específicas do aplicativo, do volume de dados e da complexidade das consultas espaciais. Muitos SGBDs espaciais, como o PostGIS para PostgreSQL e o Oracle Spatial, oferecem suporte a várias dessas técnicas, permitindo que os desenvolvedores escolham a mais adequada para suas necessidades. A indexação espacial é essencial para garantir o desempenho eficiente de consultas espaciais em bancos de dados geoespaciais, o que é fundamental para uma ampla gama de aplicações que dependem de informações de localização.

Capítulo 4: Consultas Espaciais em Bancos de Dados Geoespaciais

4.1. Consultas Básicas

As consultas básicas em bancos de dados geoespaciais referem-se às operações que permitem recuperar informações fundamentais sobre dados que têm uma componente geográfica. Essas consultas são essenciais para análises e tomada de decisões em diversas áreas, desde planejamento urbano até monitoramento ambiental. Abaixo estão alguns conceitos-chave e exemplos práticos de consultas básicas em bancos de dados geoespaciais:

1. Consulta de Proximidade:
   - Conceito: Recuperar objetos geoespaciais que estão próximos a uma localização específica.
   - Exemplo Prático: Encontrar os restaurantes que estão a uma distância de 1 km de uma determinada coordenada geográfica.

2. Consulta de Interseção:
   - Conceito: Recuperar objetos geoespaciais que intersectam com uma determinada região geográfica.
   - Exemplo Prático: Identificar todos os imóveis que intersectam com os limites de uma nova zona de desenvolvimento urbano.

3. Consulta de Contenção:
   - Conceito: Recuperar objetos geoespaciais que estão completamente contidos em uma determinada região geográfica.

- Exemplo Prático: Encontrar todos os parques que estão contidos dentro dos limites de um município.

4. Consulta de União:
   - Conceito: Combinar informações de diferentes conjuntos de dados geoespaciais.
   - Exemplo Prático: Unir dados de densidade populacional com dados de uso do solo para análises de planejamento urbano.

5. Consulta de Seleção por Atributos:
   - Conceito: Recuperar objetos geoespaciais com base em atributos não espaciais.
   - Exemplo Prático: Selecionar todas as escolas públicas em uma cidade com mais de 500 alunos.

6. Consulta de Buffer:
   - Conceito: Criar uma zona de influência ao redor de um objeto geoespacial (buffer) e recuperar objetos que intersectam essa zona.
   - Exemplo Prático: Identificar todas as empresas que estão dentro de um buffer de 2 km ao redor de uma nova rodovia.

7. Consulta de Agrupamento Espacial:
   - Conceito: Agrupar objetos geoespaciais com base em sua proximidade espacial.
   - Exemplo Prático: Agrupar pontos de entrega de encomendas para otimizar rotas de entrega.

8. Consulta de Medição de Distância:
- Conceito: Medir a distância entre dois ou mais objetos geoespaciais.
- Exemplo Prático: Calcular a distância entre uma loja e seus clientes para otimizar a distribuição de produtos.

9. Consulta de Overlay Espacial:
- Conceito: Combinar informações de diferentes camadas espaciais para análises mais complexas.
- Exemplo Prático: Usar um overlay para identificar áreas que são simultaneamente zonas de inundação e locais propensos a deslizamentos de terra.

Essas consultas básicas formam a base para análises mais avançadas em bancos de dados geoespaciais. A capacidade de realizar essas operações de forma eficiente e precisa é crucial para extrair insights valiosos e tomar decisões informadas em diversos setores e aplicações.

4.2. Consultas de Proximidade

As consultas de proximidade em bancos de dados geoespaciais são ferramentas essenciais para identificar elementos que estão próximos a uma determinada localização geográfica. Essas consultas possibilitam a análise de relacionamentos espaciais e são fundamentais em diversas aplicações, desde navegação até planejamento urbano. Vamos explorar como essas consultas funcionam e fornecer exemplos práticos de cenários de uso.

Funcionamento das Consultas de Proximidade:

As consultas de proximidade geralmente envolvem a determinação de objetos geoespaciais que estão a uma certa distância (ou dentro de um raio) de uma coordenada específica. Para realizar essas consultas, os sistemas de gerenciamento de banco de dados espacial (SGBD) utilizam índices espaciais, como árvores R-tree, que organizam os dados de forma a facilitar a busca eficiente de elementos próximos.

Exemplos de Consultas de Proximidade:

1. Encontrar Estabelecimentos Próximos:
   - Cenário: Uma aplicação de mapas online permite que os usuários encontrem restaurantes próximos a uma localização específica.
   - Consulta: Recuperar todos os restaurantes que estão a uma distância de 1 km da coordenada de interesse.

2. Rastreamento de Ativos Móveis:
   - Cenário: Em logística, rastrear a proximidade de veículos de entrega em relação a um ponto de destino.
   - Consulta: Identificar todos os veículos que estão a uma distância de 500 metros de um ponto de entrega.

3. Monitoramento Ambiental:

- Cenário: Em um sistema de monitoramento ambiental, identificar estações de coleta de dados próximas a uma área de interesse.

- Consulta: Recuperar todas as estações meteorológicas dentro de um raio de 2 km de uma coordenada geográfica.

4. Segurança Pública:

- Cenário: Em aplicações de segurança pública, identificar delegacias de polícia próximas a um evento ou incidente.

- Consulta: Recuperar todas as delegacias que estão a uma distância de 3 km de um local de incidente.

5. Localização de Pontos de Interesse:

- Cenário: Uma aplicação de turismo ajuda os usuários a encontrar pontos turísticos próximos.

- Consulta: Encontrar todos os pontos turísticos que estão a uma distância de 1,5 km de uma determinada coordenada.

Benefícios e Aplicações:

- Navegação Eficiente: Em sistemas de navegação, as consultas de proximidade ajudam a identificar pontos de interesse, como postos de gasolina ou restaurantes, ao longo de uma rota.

- Planejamento Urbano: Facilitam a identificação de serviços essenciais, como escolas e hospitais, em relação a áreas residenciais.

- Logística e Rastreamento: São fundamentais para o rastreamento eficiente de ativos móveis, como veículos de entrega.

- Segurança e Monitoramento Ambiental: Permitem localizar rapidamente recursos ou estações de monitoramento relevantes em situações críticas.

As consultas de proximidade são cruciais em ambientes geoespaciais, fornecendo uma maneira eficaz de identificar e analisar elementos próximos em relação a uma localização específica. Essas consultas desempenham um papel vital em uma variedade de setores, melhorando a eficiência de serviços e proporcionando uma compreensão mais profunda dos relacionamentos espaciais.

4.3. Consultas de Análise Espacial

As consultas de análise espacial em bancos de dados geoespaciais são ferramentas poderosas que permitem a exploração e compreensão de padrões e relações complexas entre dados geográficos. Essas consultas vão além das operações básicas, como identificar elementos próximos ou dentro de uma área específica, e possibilitam análises mais sofisticadas que envolvem múltiplas camadas de dados espaciais. A análise espacial é fundamental em diversas áreas, incluindo planejamento urbano, meio ambiente, saúde pública e muito mais.

Principais Aspectos das Consultas de Análise Espacial:

1. Overlay Espacial:
   - Conceito: Envolve a combinação de informações de diferentes camadas espaciais para identificar áreas de sobreposição ou interseção.
   - Aplicações Práticas: Identificação de áreas que simultaneamente possuem características específicas, como zonas de inundação e habitats naturais.

2. Análise de Buffer:
   - Conceito: Consiste na criação de zonas circundantes (buffers) ao redor de elementos geoespaciais para avaliar influências ou relações espaciais.
   - Aplicações Práticas: Avaliação de impactos ambientais ao redor de construções ou identificação de locais afctados por um incidente.

3. Análise de Cluster:
   - Conceito: Agrupa elementos geográficos semelhantes com base em critérios espaciais.
   - Aplicações Práticas: Identificação de clusters de doenças em saúde pública ou agrupamento de clientes para análises de mercado.

4. Análise de Hotspot:

- Conceito: Identificação de áreas onde a incidência de um fenômeno é significativamente maior ou menor do que seria esperado aleatoriamente.
- Aplicações Práticas: Identificação de pontos quentes de criminalidade em uma cidade.

5. Análise de Rota:
- Conceito: Avaliação e otimização de rotas com base em critérios espaciais, como distância ou tempo de viagem.
- Aplicações Práticas: Otimização de rotas de entrega ou análise de acessibilidade a serviços de saúde.

6. Análise de Densidade:
- Conceito: Mede a concentração ou dispersão de eventos ou elementos geográficos em uma área específica.
- Aplicações Práticas: Avaliação da densidade populacional ou da distribuição de espécies em ecologia.

7. Análise de Correlação Espacial:
- Conceito: Avalia a relação estatística entre variáveis espaciais.
- Aplicações Práticas: Identificação de correlações entre a localização de estabelecimentos comerciais e padrões de consumo.

8. Análise de Acessibilidade:
- Conceito: Avaliação da facilidade de alcançar diferentes locais com base em critérios espaciais.

- Aplicações Práticas: Planejamento de transporte público ou análise de acessibilidade a serviços essenciais.

Benefícios e Aplicações Práticas:

- Tomada de Decisão Informada: A análise espacial fornece insights valiosos para apoiar decisões informadas em setores como urbanismo, saúde, segurança e meio ambiente.

- Identificação de Padrões Complexos: Permite a identificação de padrões espaciais complexos que podem não ser evidentes em análises tradicionais.

- Planejamento e Otimização: Facilita o planejamento eficiente de recursos e otimização de operações com base em considerações espaciais.

- Previsão e Prevenção: Ajuda na previsão de tendências e na prevenção de problemas, como identificação de áreas propensas a desastres naturais.

As consultas de análise espacial são cruciais para a compreensão aprofundada dos dados geoespaciais, proporcionando uma base robusta para a tomada de decisões estratégicas em uma variedade de contextos. Essas análises oferecem uma perspectiva mais rica sobre as relações espaciais, permitindo que organizações e pesquisadores explorem e compreendam a complexidade dos fenômenos geográficos.

4.4. Consultas Temporais

As consultas temporais em bancos de dados geoespaciais são projetadas para lidar com informações que variam ao longo do tempo, permitindo a análise e recuperação de dados geoespaciais com dimensões temporais. Essa abordagem é fundamental em muitos domínios, como monitoramento ambiental, planejamento urbano e gestão de recursos naturais, onde a dinâmica temporal desempenha um papel crítico. Vamos explorar o conceito de consultas temporais e fornecer exemplos relevantes:

Conceito de Consultas Temporais em Bancos de Dados Geoespaciais:

As consultas temporais envolvem a capacidade de analisar dados geoespaciais considerando sua evolução ao longo do tempo. Isso significa que as informações sobre localização geográfica estão associadas a registros temporais, permitindo não apenas a análise de onde algo está, mas também quando isso ocorre. A temporalidade pode ser aplicada a uma variedade de dados, como alterações no uso do solo, movimentos de populações ou variações climáticas.

Exemplos Práticos de Consultas Temporais:

1. Monitoramento de Alterações no Uso do Solo:
   - Cenário: Um banco de dados geoespacial mantém informações sobre o uso do solo em uma determinada região.
   - Consulta Temporal: Recuperar todas as alterações na cobertura do solo em uma área específica nos últimos cinco anos, identificando padrões de urbanização ou alterações ambientais.

2. Acompanhamento de Migração de Animais:
   - Cenário: Dados de rastreamento GPS de animais migratórios são armazenados em um banco de dados geoespacial.
   - Consulta Temporal: Analisar os padrões de migração ao longo das estações, identificando rotas preferenciais e mudanças nas áreas de alimentação ao longo do tempo.

3. Planejamento Urbano Dinâmico:
   - Cenário: Dados sobre construções e infraestrutura urbana são mantidos em um banco de dados geoespacial.
   - Consulta Temporal: Avaliar o crescimento urbano ao longo dos últimos 20 anos, identificando áreas de

expansão e planejando futuras necessidades de infraestrutura.

4. Análise de Desastres Naturais:
- Cenário: Dados sobre o histórico de eventos climáticos, como furacões e enchentes, estão registrados em um banco de dados geoespacial.
- Consulta Temporal: Analisar padrões climáticos ao longo de décadas para identificar tendências e padrões de ocorrência de desastres naturais.

5. Gestão de Recursos Hídricos:
- Cenário: Dados sobre a qualidade da água em corpos hídricos são armazenados em um banco de dados geoespacial.
- Consulta Temporal: Avaliar a qualidade da água ao longo das estações do ano, identificando variações sazonais e potenciais impactos de atividades humanas.

Benefícios das Consultas Temporais:

- Detecção de Tendências: Permite identificar padrões e tendências ao longo do tempo, facilitando a tomada de decisões informadas.

- Resposta a Eventos Dinâmicos: Possibilita a resposta eficiente a eventos dinâmicos, como desastres naturais, através da análise do histórico temporal.

- Planejamento Dinâmico: Ajuda em planejamentos dinâmicos, como expansão urbana, levando em consideração a evolução temporal de diferentes variáveis.

- Gestão Sustentável de Recursos: Facilita a gestão sustentável de recursos naturais ao considerar variações temporais na utilização e qualidade desses recursos.

As consultas temporais em bancos de dados geoespaciais são essenciais para uma compreensão abrangente e dinâmica do ambiente ao nosso redor. Elas proporcionam uma visão temporal que é crucial para a análise de padrões, detecção de mudanças e gestão eficiente de recursos em diferentes contextos.

4.5. Otimização de Consultas Espaciais

A otimização de consultas espaciais é um aspecto crucial na gestão eficiente de grandes conjuntos de dados geoespaciais. Com o aumento da disponibilidade de informações geográficas e a complexidade das consultas espaciais, garantir o desempenho eficiente dessas operações torna-se essencial para aplicações em diversas áreas, incluindo planejamento urbano, navegação, meio ambiente e análises de mercado. A eficiência operacional não apenas melhora a velocidade de resposta, mas também contribui para uma experiência do usuário mais fluida e insights mais rápidos. Vamos explorar algumas estratégias e técnicas comumente utilizadas na otimização de consultas espaciais:

1. Uso de Índices Espaciais:
   - Índices espaciais, como árvores R-tree ou quadtree, são fundamentais para acelerar consultas espaciais. Eles organizam os dados de forma hierárquica, permitindo a recuperação rápida de informações com base em critérios de localização.

2. Pré-Processamento e Simplificação Geométrica:
   - Antes de executar consultas espaciais complexas, é comum realizar etapas de pré-processamento, como a simplificação geométrica. Isso envolve a redução da complexidade de geometrias, mantendo a precisão suficiente para os propósitos da consulta.

3. Particionamento Espacial:
   - Dividir grandes conjuntos de dados geoespaciais em partições menores pode melhorar significativamente o desempenho. O particionamento espacial permite que o sistema concentre os recursos na área relevante da consulta, reduzindo a quantidade de dados a serem processados.

4. Uso Eficiente de Índices de Banco de Dados Relacional:
   - Em sistemas de gerenciamento de banco de dados relacional, é importante aproveitar os índices tradicionais, além dos índices espaciais. A otimização de consultas espaciais muitas vezes envolve um

equilíbrio entre índices específicos e índices tradicionais.

5. Geoprocessamento Paralelo:

- Em casos de consultas que envolvem grandes volumes de dados, a utilização de técnicas de geoprocessamento paralelo pode distribuir a carga de trabalho entre vários núcleos ou máquinas, acelerando assim a execução da consulta.

6. Uso de Cache:

- A implementação de caches espaciais pode armazenar resultados de consultas frequentes, reduzindo a necessidade de reexecutar a mesma consulta repetidamente. Isso é especialmente útil em aplicações que envolvem consultas estáticas ou semi-estáticas.

7. Otimização de Algoritmos Espaciais:

- A escolha dos algoritmos específicos para realizar operações espaciais, como interseções e uniões, pode afetar significativamente o desempenho. Algoritmos otimizados podem reduzir a complexidade computacional.

8. Análise de Perfil de Desempenho:

- Realizar análises de perfil de desempenho ajuda a identificar gargalos e áreas de melhoria. Ferramentas de perfilamento podem destacar quais partes da consulta consomem mais recursos e, assim, orientar as otimizações.

9. Atualização Incremental de Índices:

- Em ambientes dinâmicos, onde os dados geoespaciais são frequentemente atualizados, a implementação de estratégias para atualizar incrementalmente índices espaciais pode ser crucial para manter a eficiência operacional.

A otimização de consultas espaciais não é apenas uma questão de melhorar a velocidade de resposta, mas também de gerenciar recursos de maneira eficiente. Em grandes conjuntos de dados geoespaciais, a eficiência operacional é vital para garantir a utilidade e a viabilidade de sistemas e aplicações. As estratégias mencionadas acima, quando aplicadas com cuidado e considerando a natureza específica dos dados e das consultas, podem resultar em significativas melhorias de desempenho.

Capítulo 5: Importação e Exportação de Dados Geoespaciais

5.1. Importação de Dados Geoespaciais

A importação de dados geoespaciais em sistemas de banco de dados é um passo fundamental para incorporar informações geográficas em um ambiente de armazenamento estruturado. Esse processo envolve a transferência de conjuntos de dados geoespaciais, como mapas, imagens de satélite, coordenadas geográficas e geometrias, para um sistema de gerenciamento de banco de dados espacial (SGBD). Vamos explorar o processo de importação e destacar algumas considerações práticas:

Processo de Importação de Dados Geoespaciais:

1. Escolha do Formato de Dados:
   - O primeiro passo é escolher o formato dos dados geoespaciais a serem importados. Formatos comuns incluem Shapefiles, GeoJSON, KML e arquivos raster como TIFF.

2. Configuração do Esquema do Banco de Dados:
   - Antes da importação, é necessário garantir que o esquema do banco de dados esteja configurado para acomodar os dados geoespaciais. Isso inclui a definição de tabelas, campos e índices espaciais necessários.

3. Escolha da Ferramenta de Importação:
   - Diversos SGBDs espaciais fornecem ferramentas específicas para a importação de dados geoespaciais.

Além disso, existem ferramentas independentes, como ogr2ogr e shp2pgsql, que facilitam a conversão e importação de dados em diferentes formatos.

4. Mapeamento de Campos:

- Durante o processo de importação, é necessário mapear os campos dos dados geoespaciais para os campos correspondentes no banco de dados. Essa etapa assegura a correspondência correta das informações.

5. Tratamento de Projeções:

- Considerações sobre projeções são vitais. É importante garantir que os dados estejam na mesma projeção ou realizar conversões quando necessário. A consistência nas projeções é crucial para análises espaciais precisas.

6. Manuseio de Dados Não-Espaciais:

- Além dos dados geoespaciais, muitas vezes há atributos não-espaciais associados. Esses atributos devem ser considerados e mapeados adequadamente para os campos correspondentes no banco de dados.

7. Validação e Limpeza:

- Antes da importação, é aconselhável realizar verificações de validação e limpeza nos dados. Isso inclui a detecção e correção de geometrias inválidas, valores ausentes ou qualquer anomalia nos dados.

8. Otimização do Processo:

- Em grandes conjuntos de dados, a otimização do processo de importação é essencial. Isso pode incluir a paralelização de operações ou a utilização de índices espaciais para acelerar a inserção de dados.

9. Registro de Metadados:

- Manter registros de metadados durante a importação é uma prática recomendada. Isso inclui informações sobre a fonte dos dados, datas de importação e detalhes sobre qualquer transformação realizada.

Considerações Práticas:

- Escalabilidade: Considere a escalabilidade do processo de importação para lidar eficientemente com grandes volumes de dados geoespaciais.

- Segurança: Garanta que a importação de dados seja realizada de maneira segura, evitando potenciais vulnerabilidades.

- Atualização Incremental: Para conjuntos de dados dinâmicos, implemente estratégias para atualizações incrementais, minimizando a redundância no processo de importação.

- Padrões e Conformidade: Siga padrões e conformidades espaciais, como aqueles definidos pela OGC (Open Geospatial Consortium), para garantir a interoperabilidade e consistência dos dados.

- Backup: Antes de realizar a importação, é aconselhável fazer backup do banco de dados para evitar perda acidental de dados.

- Monitoramento e Log: Implemente mecanismos de monitoramento e registro (log) para rastrear o progresso da importação e identificar possíveis problemas.

A importação de dados geoespaciais é um estágio crucial na construção de sistemas de informação geográfica robustos. O sucesso desse processo não apenas depende da escolha das ferramentas certas, mas também da atenção cuidadosa aos detalhes, desde a configuração do banco de dados até a validação dos dados importados.

5.2. Formatos de Dados Geoespaciais

Os dados geoespaciais são informações que estão associadas a uma localização específica na Terra. Para armazenar e trocar esses dados de forma eficiente, diversos formatos foram desenvolvidos, cada um com suas características e finalidades específicas. Abaixo, apresento uma visão conceitual de alguns dos formatos de dados geoespaciais mais comuns, como Shapefile, GeoJSON e KML, destacando como a escolha do formato pode impactar a eficiência e a interoperabilidade.

1. Shapefile:

- O Shapefile é um formato desenvolvido pela ESRI (Environmental Systems Research Institute) e é amplamente utilizado em sistemas de informação geográfica (SIG). Ele consiste em vários arquivos que armazenam diferentes aspectos dos dados geoespaciais, incluindo geometrias (pontos, linhas, polígonos) e atributos associados. Embora seja amplamente adotado, o Shapefile tem algumas limitações, como suporte limitado para dados 3D e falta de suporte direto para dados não-geográficos.

2. GeoJSON:

- O GeoJSON é um formato baseado em JSON (JavaScript Object Notation) projetado para representar dados geoespaciais de forma simples e leve. Ele suporta diferentes tipos de geometrias (pontos, linhas, polígonos) e atributos associados. A simplicidade e a legibilidade do GeoJSON tornam-no popular para aplicações web e interoperabilidade entre diferentes plataformas. Sua estrutura é fácil de entender e é facilmente integrada com tecnologias web.

3. KML (Keyhole Markup Language):

- Desenvolvido pela Keyhole (adquirida pelo Google), o KML é um formato XML para representar dados geoespaciais em três dimensões, sendo comumente associado ao Google Earth. Ele suporta pontos, linhas, polígonos, imagens e modelos 3D. O KML é adequado para visualização, mas pode não ser tão eficiente quanto outros formatos em termos de tamanho de arquivo para grandes conjuntos de dados.

Impactos na Eficiência e Interoperabilidade:

1. Eficiência do Armazenamento:
   - O formato Shapefile pode gerar arquivos relativamente grandes, especialmente para conjuntos de dados complexos, enquanto o GeoJSON, sendo baseado em texto, tende a ter um tamanho de arquivo maior em comparação com formatos binários como o Shapefile. A eficiência de armazenamento pode impactar a transferência de dados e o desempenho durante operações de leitura e gravação.

2. Eficiência da Transmissão Online:
   - A escolha do GeoJSON pode ser vantajosa para transmissão de dados online devido à sua estrutura leve e à facilidade de integração com tecnologias web, sendo particularmente útil em aplicações interativas e dinâmicas.

3. Interoperabilidade:
   - O GeoJSON tem sido amplamente adotado para interoperabilidade entre diferentes sistemas e plataformas devido à sua natureza baseada em texto, que facilita a leitura e a compreensão. O Shapefile, por ser um formato proprietário da ESRI, pode ter limitações de interoperabilidade em ambientes que não utilizam produtos ESRI.

4. Suporte para Atributos Não-Espaciais:

- A capacidade de suportar dados não-geográficos varia entre os formatos. O Shapefile é principalmente voltado para dados geoespaciais, enquanto o GeoJSON tem mais flexibilidade para a inclusão de atributos não-espaciais.

5. Suporte para Dados 3D:

- Se a representação de dados em três dimensões for um requisito, o formato KML é uma escolha adequada, pois foi projetado para trabalhar com dados tridimensionais e é especialmente associado ao Google Earth.

A escolha do formato de dados geoespaciais depende dos requisitos específicos da aplicação, considerando fatores como eficiência de armazenamento, interoperabilidade e suporte para funcionalidades específicas, como dados não-geográficos ou tridimensionais. Cada formato tem seu lugar e é valioso em contextos distintos, e a seleção deve ser feita com base nas necessidades específicas do projeto ou aplicação em questão.

5.3. Conversão de Dados Geoespaciais

A conversão de dados geoespaciais é um processo fundamental que envolve a transformação de informações geográficas de um formato, sistema de coordenadas ou resolução para outro. Essa prática é essencial para a interoperabilidade entre diferentes sistemas, para garantir a precisão dos dados e para permitir a integração eficiente de informações geoespaciais em diversos contextos. Vamos explorar os aspectos chave desse processo e a importância associada:

1. Conversão entre Formatos:
   - Motivação: Diferentes softwares e sistemas podem utilizar formatos de dados geoespaciais distintos. A conversão entre esses formatos é necessária para garantir que os dados possam ser lidos e interpretados corretamente.
   - Exemplo: Converter um conjunto de dados de Shapefile para GeoJSON para facilitar a integração com uma aplicação web.

2. Transformação de Sistemas de Coordenadas:
   - Motivação: Dados geoespaciais frequentemente utilizam sistemas de coordenadas diferentes. A transformação entre sistemas é crucial para garantir que as localizações sejam representadas corretamente no espaço geográfico.
   - Exemplo: Converter coordenadas de um sistema de coordenadas geográficas (latitude, longitude) para um sistema de coordenadas projetadas (UTM).

3. Ajuste de Resolução:
   - Motivação: Em algumas situações, pode ser necessário ajustar a resolução dos dados geoespaciais

para atender a requisitos específicos de análise, visualização ou armazenamento.

- Exemplo: Reduzir a resolução de um conjunto de dados raster para otimizar o desempenho em uma aplicação web.

4. Integração de Dados Multifonte:

- Motivação: Dados geoespaciais frequentemente provêm de diversas fontes com diferentes formatos e coordenadas. A conversão é necessária para integrar e analisar conjuntos de dados de maneira coesa.

- Exemplo: Integrar dados de sensoriamento remoto com dados cadastrais para análises mais abrangentes.

5. Harmonização para Análises Espaciais:

- Motivação: Para realizar análises espaciais significativas, é importante que os dados estejam em um formato e sistema de coordenadas que permitam operações espaciais coerentes.

- Exemplo: Harmonizar dados de diferentes fontes para realizar uma análise de buffer consistente.

Importância da Conversão de Dados Geoespaciais:

1. Interoperabilidade:

- Facilita a integração de dados provenientes de diferentes fontes e sistemas, permitindo a interoperabilidade entre diversos softwares e plataformas.

2. Precisão e Consistência:

- Garante a precisão dos dados, assegurando que as informações geoespaciais sejam representadas de forma coerente e consistente.

3. Análises Significativas:
- Permite a realização de análises espaciais significativas ao ajustar dados para formatos e sistemas de coordenadas que são mais adequados para operações específicas.

4. Visualização Eficiente:
- Facilita a visualização eficiente dos dados, especialmente quando se trata de ajustar resoluções para otimizar a exibição em diferentes contextos.

5. Planejamento Urbano e Tomada de Decisões:
- Desempenha um papel crucial em setores como planejamento urbano e tomada de decisões, onde a integração e análise de dados geoespaciais são fundamentais.

6. Consolidação de Informações:
- Permite consolidar informações geoespaciais de diversas fontes para criar conjuntos de dados abrangentes e coesos.

7. Adaptação a Requisitos Específicos:
- Possibilita a adaptação de dados para atender a requisitos específicos de diferentes aplicações, como jogos, sistemas de navegação, agricultura de precisão, entre outros.

A conversão de dados geoespaciais é uma prática essencial para garantir a utilidade e a interoperabilidade de informações geográficas em uma variedade de aplicações. A habilidade de transformar dados para atender a requisitos específicos é crucial para análises precisas, tomada de decisões informada e integração eficiente de informações em ambientes complexos de geoinformação.

5.4. Exportação de Dados Geoespaciais

A exportação de dados geoespaciais de um sistema de banco de dados é um processo importante que permite que informações geográficas sejam utilizadas em diferentes contextos, compartilhadas entre sistemas e analisadas externamente. Vamos explorar o processo de exportação, como ele é realizado, e destacar alguns formatos comuns de exportação e suas aplicações práticas:

Processo de Exportação de Dados Geoespaciais:

1. Seleção dos Dados:
 - O primeiro passo é identificar e selecionar os dados geoespaciais que serão exportados. Isso pode envolver a definição de critérios de seleção, como área geográfica, atributos específicos, ou qualquer outra condição relevante.

2. Configuração do Formato de Saída:

- Em seguida, é necessário escolher o formato de saída para os dados exportados. Diferentes formatos são adequados para diferentes finalidades, e a escolha dependerá dos requisitos específicos do usuário ou da aplicação.

3. Configuração do Sistema de Coordenadas:

- Se os dados estiverem em um sistema de coordenadas específico no banco de dados, pode ser necessário configurar o sistema de coordenadas de saída, especialmente se os dados forem exportados para uso em um contexto diferente.

4. Configuração de Atributos:

- É possível configurar quais atributos (campos) dos dados serão exportados. Isso permite personalizar a saída para incluir apenas as informações relevantes.

5. Processo de Exportação:

- O sistema de banco de dados geralmente fornece ferramentas ou comandos específicos para realizar a exportação. Esse processo pode envolver a geração de arquivos ou conjuntos de dados que estão prontos para serem utilizados em outras aplicações ou sistemas.

Formatos Comuns de Exportação e Aplicações Práticas:

1. Shapefile (.shp):

- Aplicações Práticas: O Shapefile é um formato amplamente utilizado em sistemas de informação geográfica (SIG) e é adequado para armazenar dados geoespaciais em forma de pontos, linhas e polígonos. Pode ser utilizado em diversas aplicações GIS.

2. GeoJSON (.geojson):

- Aplicações Práticas: O GeoJSON é um formato de texto leve e fácil de ler, sendo amplamente utilizado em aplicações web. É a escolha comum para exportar dados geoespaciais para visualização em mapas interativos na internet.

3. KML (.kml):

- Aplicações Práticas: O KML é frequentemente associado ao Google Earth e é utilizado para representar dados geoespaciais em três dimensões. É comumente utilizado para visualizações tridimensionais e interativas.

4. CSV (Comma-Separated Values):

- Aplicações Práticas: O formato CSV é simples e amplamente suportado. É útil para exportar dados tabulares associados a localizações geográficas, sendo fácil de integrar com software de planilhas e bancos de dados.

5. GPKG (Geopackage):

- Aplicações Práticas: O Geopackage é um formato de banco de dados geoespacial que pode armazenar tanto dados vetoriais quanto raster. É útil quando se deseja manter a estrutura de banco de dados original, incluindo índices espaciais e relacionamentos.

6. TIFF (Tagged Image File Format):
- Aplicações Práticas: O formato TIFF é comumente utilizado para exportar dados raster, como imagens de satélite ou mapas topográficos. É amplamente suportado em software GIS e ferramentas de processamento de imagem.

Importância da Exportação de Dados Geoespaciais:

1. Compartilhamento de Informações:
- Permite o compartilhamento de informações geográficas entre diferentes usuários, organizações ou sistemas.

2. Integração com Diversas Aplicações:
- Facilita a integração de dados geoespaciais em diversas aplicações, desde sistemas GIS até ferramentas de visualização web.

3. Análises Externas:
- Permite que dados geoespaciais sejam analisados externamente em ambientes de software específicos, ampliando as possibilidades de análise.

4. Visualização e Apresentação:
- Facilita a exportação de dados para formatos compatíveis com ferramentas de visualização, permitindo a criação de mapas e apresentações visuais.

5. Backup e Arquivamento:

- Possibilita a criação de cópias de segurança ou arquivamento de dados geoespaciais para preservar informações ao longo do tempo.

A exportação de dados geoespaciais é um processo versátil e essencial que desempenha um papel crucial na disseminação, compartilhamento e análise eficiente de informações geográficas. A escolha do formato de exportação dependerá das necessidades específicas de cada caso, considerando as aplicações práticas e requisitos de interoperabilidade.

5.5. Integração com Sistemas de Informação Geográfica (SIG)

A integração entre sistemas de banco de dados geoespaciais (SGBD) e Sistemas de Informação Geográfica (SIG) é essencial para realizar análises abrangentes e alcançar visualizações eficazes de dados geográficos. Esses dois tipos de sistemas desempenham papéis distintos, mas complementares, na gestão e análise de informações geoespaciais. Vamos explorar como essa integração ocorre e os benefícios associados:

Integração entre Sistemas de Banco de Dados Geoespaciais e SIG:

1. Armazenamento Eficiente de Dados Geoespaciais:

- Os SGBD geoespaciais são projetados para armazenar e gerenciar dados geoespaciais de maneira eficiente, utilizando índices espaciais para otimizar a recuperação de informações. A integração permite que os dados geoespaciais sejam armazenados de maneira estruturada, garantindo a integridade e a eficiência na recuperação.

2. Utilização de Funcionalidades Específicas:

- Os SGBD geoespaciais oferecem funcionalidades específicas para manipulação de dados espaciais, como consultas espaciais avançadas, operações topológicas e suporte a sistemas de coordenadas geográficas. A integração permite aproveitar essas funcionalidades especializadas durante a análise de dados.

3. Interoperabilidade e Compatibilidade:

- A integração entre SGBD geoespacial e SIG facilita a interoperabilidade e a compatibilidade entre diferentes sistemas. Dados armazenados em um SGBD geoespacial podem ser facilmente importados e utilizados em um ambiente SIG e vice-versa, proporcionando uma integração suave.

4. Análises Geoespaciais Avançadas:

- A combinação de funcionalidades de análise espacial de SGBD geoespaciais e SIG permite a realização de análises geoespaciais avançadas. Isso inclui a identificação de padrões, a realização de consultas complexas e a execução de operações espaciais especializadas.

5. Visualização de Dados:
   - Os SIG são projetados para visualizar e representar graficamente dados geoespaciais em mapas. A integração com SGBD geoespaciais possibilita a visualização direta de dados armazenados no banco de dados, facilitando a interpretação e análise visual.

6. Atualização em Tempo Real:
   - A integração permite a atualização em tempo real de dados entre o SGBD geoespacial e o SIG. Isso é especialmente crucial em ambientes dinâmicos onde as informações geoespaciais estão em constante evolução.

Benefícios da Integração:

1. Eficiência na Gestão de Dados:
   - A integração proporciona uma abordagem eficiente para gerenciar grandes volumes de dados geoespaciais, garantindo sua disponibilidade e acessibilidade quando necessário.

2. Análises Precisas e Contextualizadas:
   - A combinação de dados geoespaciais armazenados em SGBD com as ferramentas analíticas de um SIG permite a realização de análises mais precisas e

contextualizadas, considerando a localização geográfica.

3. Tomada de Decisões Informada:
   - Ao integrar dados geoespaciais, organizações podem basear suas decisões em informações mais completas e contextualizadas, melhorando a tomada de decisões em áreas como planejamento urbano, gestão ambiental e serviços públicos.

4. Planejamento e Monitoramento Eficientes:
   - A integração facilita o planejamento eficiente e o monitoramento contínuo de áreas geográficas específicas, possibilitando uma resposta rápida a mudanças ou eventos significativos.

5. Melhoria na Visualização:
   - A visualização integrada de dados geoespaciais em um SIG permite uma compreensão mais fácil e rápida de padrões e tendências, contribuindo para uma comunicação mais eficaz.

A integração entre sistemas de banco de dados geoespaciais e Sistemas de Informação Geográfica é fundamental para obter o máximo valor e insights de dados geoespaciais. Essa sinergia permite uma gestão mais eficiente, análises mais precisas e uma visualização eficaz, contribuindo significativamente para a tomada de decisões informada em diversos setores.

Capítulo 6: Geocodificação e Geoprocessamento

6.1. Geocodificação de Dados

A geocodificação de dados é um processo pelo qual informações não espaciais, como endereços, nomes de locais ou outros descritores de localização, são convertidas em coordenadas geográficas, permitindo a localização precisa desses elementos em um contexto geoespacial. Esse processo é fundamental para vincular dados não espaciais a uma posição geográfica na superfície terrestre, facilitando a análise espacial e a visualização em mapas.

Aqui estão os principais aspectos da geocodificação de dados:

1. Transformação de Descritores em Coordenadas:
- A geocodificação envolve a transformação de descritores de localização, como endereços ou nomes de lugares, em coordenadas geográficas que representam a posição específica na Terra.

2. Uso de Bancos de Dados Geográficos:
- Para realizar a geocodificação, muitas vezes são utilizados bancos de dados geográficos que contêm informações sobre a relação entre descritores de localização e coordenadas geográficas. Esses bancos de dados podem ser mantidos por serviços de geocodificação, como Google Maps, ou por organizações que mantêm informações precisas de localização.

3. Métodos de Geocodificação:

- Existem vários métodos de geocodificação, e a escolha do método pode depender da natureza dos dados e da precisão desejada. Alguns métodos comuns incluem geocodificação baseada em endereço, onde o endereço é traduzido em coordenadas, e geocodificação reversa, onde coordenadas são usadas para encontrar um endereço.

4. Precisão da Geocodificação:

- A precisão da geocodificação pode variar dependendo da qualidade dos dados utilizados no processo e da resolução dos métodos empregados. A geocodificação pode ser altamente precisa em áreas urbanas bem mapeadas, mas pode ter menor precisão em regiões rurais ou em locais com informações de geocodificação menos detalhadas.

5. Aplicações Práticas:

- A geocodificação é fundamental em diversas aplicações, incluindo sistemas de navegação, localização de empresas, análise de dados demográficos, gestão de ativos e muitas outras áreas onde a localização geográfica é relevante.

6. Vantagens para Análise Espacial:

- Ao geocodificar dados, é possível integrar informações não espaciais a conjuntos de dados geoespaciais existentes. Isso enriquece a análise espacial, permitindo a identificação de padrões, a tomada de decisões informadas e a visualização em mapas.

Exemplo Prático:

Imagine um conjunto de dados contendo endereços de clientes de uma empresa. A geocodificação desse conjunto de dados converteria esses endereços em coordenadas geográficas (latitude e longitude), possibilitando a criação de mapas que mostram a distribuição geográfica dos clientes. Essa informação poderia ser usada para otimizar rotas de entrega, identificar áreas de maior concentração de clientes e apoiar estratégias de marketing localizado.

A geocodificação é um processo essencial que transforma informações não espaciais em dados geoespaciais, abrindo caminho para análises espaciais significativas e uma compreensão mais profunda da relação entre dados e localização na superfície terrestre.

6.2. Geoprocessamento

Geoprocessamento: Uma Visão Conceitual

O geoprocessamento é uma disciplina que abrange um conjunto de técnicas, métodos e tecnologias voltadas para a coleta, armazenamento, análise, interpretação e representação de dados geoespaciais. Este campo interdisciplinar utiliza uma abordagem sistemática para lidar com informações relacionadas a localização geográfica, permitindo uma compreensão mais profunda e eficiente do espaço terrestre e suas interações.

Principais Componentes do Geoprocessamento:

1. Aquisição de Dados Geoespaciais:
   - O processo de geoprocessamento inicia-se com a aquisição de dados geoespaciais, que podem incluir informações de sensoriamento remoto, dados de GPS, mapas digitais, imagens de satélite, entre outros. A precisão e a qualidade desses dados são cruciais para análises geoespaciais precisas.

2. Armazenamento em Bancos de Dados Geográficos:
   - Os dados geoespaciais são frequentemente armazenados em bancos de dados geográficos, que são otimizados para lidar com informações espaciais. Esses bancos de dados não apenas armazenam a geometria dos elementos, mas também suportam consultas e operações espaciais.

3. Análise Espacial:
   - A análise espacial é o cerne do geoprocessamento, envolvendo a aplicação de operações e técnicas para investigar padrões, relações e tendências dentro dos dados geoespaciais. Isso pode incluir análises de proximidade, análises de padrões, modelagem de superfícies, entre outros métodos.

4. Modelagem Geoespacial:

- O uso de modelos espaciais é uma parte essencial do geoprocessamento. Modelos geoespaciais podem simular fenômenos do mundo real e prever cenários futuros, contribuindo para o planejamento estratégico em várias disciplinas.

5. Visualização e Representação Cartográfica:

- O geoprocessamento inclui técnicas para visualização eficaz de dados geoespaciais. Isso abrange desde a criação de mapas convencionais até a representação em ambientes tridimensionais ou interativos, permitindo uma comunicação clara e acessível das informações.

Aplicações do Geoprocessamento em Diversas Áreas:

1. Planejamento Urbano:

- O geoprocessamento é amplamente utilizado no planejamento urbano para analisar padrões de crescimento, identificar áreas propensas a riscos, otimizar o uso do solo e apoiar decisões relacionadas à infraestrutura e mobilidade urbana.

2. Gestão Ambiental:

- Na gestão ambiental, o geoprocessamento é crucial para monitorar mudanças ambientais, avaliar a saúde dos ecossistemas, identificar áreas de conservação prioritárias e gerenciar recursos naturais de forma sustentável.

3. Agricultura de Precisão:

- No setor agrícola, o geoprocessamento é aplicado para otimizar a produção por meio da análise de dados sobre solos, topografia, clima e vegetação. Isso permite a implementação de práticas agrícolas mais eficientes e sustentáveis.

4. Gestão de Recursos Hídricos:

- Na gestão de recursos hídricos, o geoprocessamento é utilizado para modelar bacias hidrográficas, analisar padrões de precipitação, identificar áreas de recarga de aquíferos e gerenciar o uso sustentável da água.

5. Saúde Pública:

- Na área da saúde, o geoprocessamento é aplicado para mapear a distribuição de doenças, analisar fatores ambientais que podem afetar a saúde pública e otimizar a localização de serviços de saúde.

6. Logística e Transporte:

- No setor de logística e transporte, o geoprocessamento é utilizado para otimizar rotas, analisar padrões de tráfego, planejar a infraestrutura viária e monitorar a movimentação de mercadorias.

O geoprocessamento desempenha um papel central na análise e interpretação de dados geoespaciais, oferecendo uma abordagem poderosa para entender as complexas interações no ambiente geográfico. Sua aplicação em diversas áreas contribui para a tomada de decisões informadas, o planejamento estratégico e a promoção de práticas sustentáveis em um mundo cada vez mais interconectado.

6.3. Análise de Redes e Roteamento

Análise de Redes e Roteamento em Geoprocessamento: Uma Abordagem Informativa

A análise de redes e roteamento em geoprocessamento é uma área especializada que se concentra em entender e otimizar a conectividade entre locais geográficos, permitindo a modelagem eficiente de deslocamentos e a identificação de rotas mais eficazes. Essas técnicas desempenham um papel crucial em diversas aplicações práticas, como logística, transporte, planejamento urbano e gestão de recursos.

Principais Componentes da Análise de Redes em Geoprocessamento:

1. Modelagem de Redes:
   - O primeiro passo na análise de redes é criar uma representação modelada da infraestrutura geográfica

como uma rede. Isso envolve a definição de elementos como estradas, trilhos, rios, ou outros elementos de deslocamento, bem como os nós que conectam esses elementos.

2. Atribuição de Custos:

- Cada segmento da rede é atribuído a um custo, que pode representar distância, tempo de viagem, custo financeiro, ou qualquer outra métrica relevante. Essa atribuição de custos é fundamental para determinar a eficiência das rotas.

3. Análise de Roteamento:

- A análise de roteamento visa identificar a rota mais eficiente entre dois ou mais pontos na rede. Isso pode envolver a minimização de distâncias, tempos de viagem ou custos associados ao percurso.

4. Identificação de Conectividade:

- A análise de redes também permite a identificação de conectividade entre diferentes partes da rede. Isso é crucial para entender como locais geográficos estão interligados e como mudanças em uma parte da rede podem afetar outras áreas.

Aplicações Práticas da Análise de Redes em Geoprocessamento:

1. Logística e Distribuição:

- Empresas de logística utilizam a análise de redes para otimizar rotas de entrega, minimizando custos de transporte e tempo de entrega. Isso é vital para garantir a eficiência nas cadeias de suprimentos.

2. Planejamento Urbano:

- Em planejamento urbano, a análise de redes é aplicada para otimizar o layout de infraestruturas, como estradas e transporte público, garantindo uma distribuição eficiente e acessível para a população.

3. Gestão de Tráfego:

- A análise de redes é utilizada em sistemas de gestão de tráfego para prever congestionamentos, otimizar semáforos e melhorar a fluidez do tráfego em áreas urbanas.

4. Serviços de Emergência:

- Em serviços de emergência, como bombeiros e ambulâncias, a análise de redes é crucial para encontrar rotas rápidas e eficientes até o local de ocorrência, otimizando a resposta a emergências.

5. Planejamento de Transporte Público:

- Agências de transporte público utilizam a análise de redes para otimizar rotas, programação de horários e localização de estações, melhorando a eficiência do transporte coletivo.

Roteamento em Geoprocessamento:

1. Algoritmos de Roteamento:

- Vários algoritmos são empregados para determinar rotas eficientes em uma rede. Algoritmos de Dijkstra, A e Floyd-Warshall são exemplos comuns utilizados para encontrar o caminho mais curto ou mais eficiente entre dois pontos.

2. Considerações Dinâmicas:

- Além do roteamento estático, a análise de redes em geoprocessamento também considera aspectos dinâmicos, como tráfego em tempo real, condições meteorológicas e eventos imprevistos que podem afetar as condições da rota.

3. Personalização de Roteamento:

- Sistemas de roteamento avançados permitem a personalização de rotas com base em preferências do usuário, como evitar pedágios, escolher rotas mais cênicas ou evitar áreas congestionadas.

Benefícios da Análise de Redes e Roteamento:

1. Eficiência Operacional:

- Otimiza a eficiência operacional em diversos setores, reduzindo custos e melhorando a utilização de recursos.

2. Tomada de Decisões Informada:

- Facilita a tomada de decisões informada em logística, transporte e planejamento urbano com base em análises precisas e eficientes.

3. Melhoria na Distribuição de Recursos:
- Contribui para uma distribuição mais eficiente de recursos, minimizando redundâncias e garantindo um uso eficaz da infraestrutura disponível.

4. Adaptação a Condições Variáveis:
- A capacidade de considerar condições variáveis em tempo real permite uma adaptação eficaz a mudanças nas condições de tráfego, eventos ou outras variáveis dinâmicas.

A análise de redes e roteamento em geoprocessamento desempenha um papel crucial na otimização de deslocamentos e na compreensão da conectividade em um contexto geográfico. Suas aplicações práticas são amplas e variadas, contribuindo para uma gestão mais eficiente e tomada de decisões informada em diversos setores da sociedade.

6.4. Aplicações de Geocodificação

Aplicações Práticas da Geocodificação em Diferentes Setores:

A geocodificação, que envolve a atribuição de coordenadas geográficas a dados não espaciais, desempenha um papel fundamental em diversas indústrias, impulsionando a eficiência e proporcionando insights valiosos. Aqui estão algumas das aplicações práticas em diferentes setores:

1. Logística e Supply Chain:
  - Otimização de Rotas: Empresas de logística utilizam a geocodificação para otimizar rotas de entrega, minimizando distâncias e tempo de transporte, resultando em operações mais eficientes e custos reduzidos.
  - Rastreamento em Tempo Real: A capacidade de geocodificar pontos de entrega em tempo real permite um rastreamento preciso de mercadorias ao longo de toda a cadeia de suprimentos.

2. Marketing e Publicidade:
  - Segmentação de Mercado: A geocodificação é empregada para segmentar mercados com base na localização, permitindo campanhas de marketing mais direcionadas e personalizadas para audiências específicas em determinadas regiões.
  - Análise de Localização de Clientes: Varejistas podem utilizar dados geocodificados para entender a distribuição geográfica de seus clientes, adaptar estratégias de marketing e decidir sobre a localização de novas lojas.

3. Serviços Públicos e Urbanismo:

- Planejamento Urbano: Órgãos de planejamento urbano empregam geocodificação para entender a distribuição demográfica, identificar áreas de crescimento e otimizar o desenvolvimento urbano.

- Gestão de Resíduos: A geocodificação é usada para otimizar rotas de coleta de resíduos, melhorando a eficiência na gestão de resíduos urbanos.

4. Saúde e Serviços Sociais:

- Distribuição de Recursos de Saúde: A geocodificação auxilia na alocação eficiente de recursos de saúde, identificando áreas com maior necessidade e garantindo a acessibilidade dos serviços.

- Monitoramento Epidemiológico: Atribuir coordenadas a endereços de casos de doenças permite um monitoramento eficaz de surtos e ajuda na implementação de medidas preventivas.

5. Imóveis e Construção:

- Análise de Mercado Imobiliário: No setor imobiliário, a geocodificação é utilizada para análises de mercado, identificando tendências de preços e demanda em diferentes regiões.

- Localização de Ativos: Na construção, a geocodificação auxilia na localização precisa de ativos, como redes de serviços públicos, facilitando o planejamento e a execução de projetos.

6. Agricultura e Meio Ambiente:

- Monitoramento Agrícola: Agricultores empregam a geocodificação para monitorar variáveis como condições do solo e clima, otimizando práticas agrícolas e aumentando a produtividade.

- Gestão Ambiental: Atribuir coordenadas a locais críticos, como áreas de conservação e recursos hídricos, permite uma gestão ambiental eficaz e a tomada de decisões informada sobre preservação.

7. Setor de Energia:

- Manutenção de Infraestrutura: Empresas de energia utilizam a geocodificação para otimizar a manutenção da infraestrutura, identificando locais críticos e agindo preventivamente para evitar falhas.

- Localização de Ativos de Energia: Atribuir coordenadas a ativos como torres de transmissão e estações permite um gerenciamento mais eficiente desses recursos.

8. Seguros:

- Avaliação de Riscos: Empresas de seguros aplicam a geocodificação para avaliar riscos com base na localização, determinando prêmios de seguro e estratégias de gestão de riscos.

- Gerenciamento de Sinistros: A geocodificação facilita o gerenciamento de sinistros, permitindo uma resposta rápida e eficiente a eventos como desastres naturais.

Benefícios Gerais:

- Tomada de Decisões Informada: A geocodificação fornece uma base sólida para a tomada de decisões informada, permitindo que empresas e organizações entendam melhor a distribuição geográfica de dados e aprimorem suas estratégias.

- Eficiência Operacional: Ao atribuir coordenadas a dados não espaciais, as operações se tornam mais eficientes, resultando em economia de tempo e recursos.

- Melhoria na Experiência do Cliente: Setores como varejo e serviços podem utilizar a geocodificação para melhorar a experiência do cliente, oferecendo serviços personalizados com base na localização.

A geocodificação é uma ferramenta versátil e essencial que transcende setores, impulsionando a eficiência em várias operações e contribuindo significativamente para a tomada de decisões estratégicas em um contexto geográfico.

6.5. Desafios em Geocodificação

Desafios em Geocodificação: Precisão, Atualização e Privacidade

A geocodificação, apesar de ser uma ferramenta poderosa para atribuir coordenadas geográficas a dados não espaciais, enfrenta uma série de desafios que podem afetar a precisão das informações, a atualização de bases de dados e levantar preocupações relacionadas à privacidade. Aqui estão alguns dos principais desafios:

1. Precisão dos Dados:

- A precisão é um desafio crítico na geocodificação. Erros podem surgir devido a inconsistências nos dados de entrada, falta de detalhes em endereços ou flutuações na qualidade das fontes de dados geoespaciais. Uma precisão inadequada pode resultar em localizações incorretas, impactando diretamente a confiabilidade das análises e tomadas de decisão.

2. Atualização de Bases de Dados:

- Manter bases de dados geocodificadas atualizadas é um desafio constante. Mudanças na infraestrutura urbana, novos desenvolvimentos, atualizações de endereços e modificações na geografia podem tornar os dados desatualizados. Isso exige esforços contínuos para garantir que as informações geocodificadas estejam alinhadas com a realidade do ambiente.

3. Resolução Espacial e Interpolação:

- A resolução espacial é um desafio, especialmente em áreas com densidade populacional variada. Em regiões urbanas, onde a densidade de endereços é alta, a geocodificação pode ser mais precisa, enquanto em áreas rurais ou pouco desenvolvidas, a precisão pode diminuir. A interpolação, ou seja, estimar uma localização entre dados conhecidos, pode ser necessária, mas apresenta desafios quando não há informações suficientes.

4. Questões de Privacidade:

- A geocodificação levanta preocupações significativas relacionadas à privacidade. Ao atribuir coordenadas geográficas a dados, há o risco de identificação de informações sensíveis, como endereços residenciais. Isso é particularmente crítico em setores como saúde e serviços sociais, onde a privacidade do paciente ou do cidadão é uma prioridade.

5. Qualidade das Fontes de Dados:

- A qualidade das fontes de dados geoespaciais é crucial para a precisão da geocodificação. Dependendo da região, as fontes podem variar em termos de disponibilidade, confiabilidade e detalhamento. Utilizar fontes de dados de baixa qualidade pode comprometer a precisão e a confiabilidade das informações geocodificadas.

6. Mudanças Dinâmicas no Ambiente:

- Alterações dinâmicas no ambiente, como construção de novas estradas, fechamento de ruas, desenvolvimento imobiliário e mudanças na infraestrutura urbana, representam desafios para manter a geocodificação atualizada. As bases de dados devem acompanhar essas mudanças em tempo hábil.

7. Questões Legais e de Consentimento:

- Utilizar dados para geocodificação muitas vezes requer considerações legais e de consentimento. Garantir que os dados sejam obtidos e utilizados de maneira ética e legalmente é um desafio, especialmente quando se lida com dados de clientes, pacientes ou cidadãos.

Abordagens para Superar Desafios:

1. Validação Contínua: Implementar processos contínuos de validação dos dados, incluindo verificações regulares de precisão, é fundamental para garantir a confiabilidade das informações geocodificadas.

2. Integração de Dados Dinâmicos: Utilizar fontes de dados dinâmicas e sistemas que possam ser atualizados em tempo real é crucial para lidar com as mudanças constantes no ambiente.

3. Políticas de Privacidade Rigorosas: Desenvolver e aderir a políticas de privacidade rigorosas, garantindo que a geocodificação seja realizada de maneira ética e em conformidade com regulamentações de privacidade.

4. Melhorias nos Algoritmos de Geocodificação: Desenvolver e aprimorar algoritmos de geocodificação para lidar com diferentes desafios, como resolução espacial variada e interpolação precisa em áreas com dados escassos.

5. Transparência e Consentimento: Estabelecer transparência nas práticas de geocodificação, obtendo o consentimento adequado dos indivíduos quando

necessário e garantindo que as informações sejam usadas de maneira ética.

Enfrentar esses desafios é essencial para garantir que a geocodificação seja uma ferramenta confiável e eficaz em diversos setores, permitindo que as organizações tomem decisões informadas e otimizem suas operações de maneira ética e eficiente.

Capítulo 7: Segurança em Bancos de Dados Geoespaciais

7.1. Considerações de Segurança

Considerações de Segurança em Bancos de Dados Geoespaciais: Protegendo Informações Sensíveis de Localização Geográfica

A segurança em bancos de dados geoespaciais é de suma importância, pois esses sistemas lidam com informações sensíveis relacionadas à localização geográfica, que podem incluir dados pessoais, dados comerciais confidenciais e informações críticas de infraestrutura. A proteção eficaz desses dados requer a implementação de medidas específicas de segurança, integradas aos princípios gerais de segurança de banco de dados. Aqui estão algumas considerações essenciais:

1. Controle de Acesso:
   - Princípio Geral: Limitar o acesso aos dados apenas a usuários autorizados é fundamental para a segurança de qualquer banco de dados.
   - Aplicação em Bancos de Dados Geoespaciais: Garantir que apenas usuários autorizados possam visualizar ou manipular informações geoespaciais sensíveis, especialmente aquelas relacionadas a dados de localização pessoal.

2. Encriptação de Dados:

- Princípio Geral: A encriptação protege dados confidenciais, tornando-os ininteligíveis para usuários não autorizados.

- Aplicação em Bancos de Dados Geoespaciais: Utilizar encriptação para proteger dados geoespaciais durante o armazenamento e a transmissão, especialmente ao lidar com informações pessoais ou estratégicas.

3. Monitoramento de Atividades Suspeitas:

- Princípio Geral: Monitorar e registrar atividades no banco de dados ajuda na detecção precoce de acessos não autorizados ou atividades suspeitas.

- Aplicação em Bancos de Dados Geoespaciais: Implementar sistemas de monitoramento que alertem sobre padrões de acesso incomuns ou tentativas de acesso não autorizado a dados geoespaciais.

4. Autenticação e Autorização:

- Princípio Geral: A autenticação verifica a identidade do usuário, enquanto a autorização controla as permissões de acesso com base nessa identidade.

- Aplicação em Bancos de Dados Geoespaciais: Estabelecer procedimentos robustos de autenticação e autorização para garantir que apenas usuários autorizados possam interagir com dados geoespaciais.

5. Atualizações e Patches:

- Princípio Geral: Manter o software do banco de dados atualizado com as últimas correções e patches de segurança é vital.

- Aplicação em Bancos de Dados Geoespaciais: Garantir que qualquer software utilizado para gerenciar dados geoespaciais esteja atualizado para mitigar vulnerabilidades conhecidas.

6. Backup e Recuperação:
- Princípio Geral: Realizar backups regulares é crucial para a recuperação rápida em caso de perda de dados devido a falhas ou ataques.
- Aplicação em Bancos de Dados Geoespaciais: Implementar políticas de backup robustas, considerando a importância dos dados geoespaciais, e testar regularmente procedimentos de recuperação.

7. Anonimização de Dados:
- Princípio Geral: Anonimizar dados sensíveis pode reduzir o risco de exposição involuntária.
- Aplicação em Bancos de Dados Geoespaciais: Ao armazenar ou compartilhar dados geoespaciais sensíveis, considerar técnicas de anonimização para proteger a privacidade dos indivíduos.

8. Segurança Física e Ambiental:
- Princípio Geral: Proteger fisicamente os servidores e garantir um ambiente seguro ao redor é crucial.
- Aplicação em Bancos de Dados Geoespaciais: Considerar a segurança física dos servidores que armazenam dados geoespaciais para evitar acessos não autorizados ou danos.

9. Políticas de Retenção de Dados:

- Princípio Geral: Definir políticas claras sobre a retenção e a eliminação segura de dados evita o armazenamento desnecessário.

- Aplicação em Bancos de Dados Geoespaciais: Estabelecer políticas específicas para dados geoespaciais, especialmente quando se lida com informações temporárias ou sensíveis.

10. Conformidade com Regulamentações:

- Princípio Geral: Cumprir as regulamentações e padrões de segurança relevantes é essencial.

- Aplicação em Bancos de Dados Geoespaciais: Manter-se informado sobre regulamentações específicas relacionadas à privacidade geoespacial e garantir conformidade com normas, como o GDPR (Regulamento Geral de Proteção de Dados) em regiões específicas.

Integrar essas considerações de segurança em bancos de dados geoespaciais é crucial para garantir a integridade, confidencialidade e disponibilidade dos dados, bem como para cumprir os requisitos legais relacionados à privacidade e segurança da informação. Uma abordagem holística, considerando aspectos técnicos, processuais e de pessoal, é necessária para criar uma postura de segurança robusta.

7.2. Controle de Acesso

Controle de Acesso em Bancos de Dados Geoespaciais: Protegendo Dados Sensíveis de Localização

O controle de acesso desempenha um papel fundamental na segurança de bancos de dados geoespaciais, pois regula e limita quem pode acessar, modificar e deletar dados sensíveis relacionados à localização geográfica. Essa abordagem é essencial para garantir a confidencialidade, integridade e disponibilidade dos dados geoespaciais. Vamos explorar como o controle de acesso opera nesse contexto e quais estratégias são eficazes.

Papel do Controle de Acesso:

1. Confidencialidade: O controle de acesso garante que apenas usuários autorizados tenham permissão para visualizar informações sensíveis de localização. Isso é crucial para proteger dados pessoais, comerciais e estratégicos armazenados em bancos de dados geoespaciais.

2. Integridade: Limitar quem pode modificar ou adicionar dados é essencial para manter a integridade dos dados geoespaciais. Evita-se a inserção de informações incorretas ou maliciosas que possam distorcer análises ou decisões baseadas em localização.

3. Disponibilidade: Garantir que apenas usuários autorizados possam acessar o banco de dados

geoespacial contribui para a disponibilidade dos dados. Isso protege contra acessos não autorizados que poderiam resultar em interrupções ou indisponibilidade dos serviços.

Estratégias Eficientes de Controle de Acesso:

1. Autenticação Forte: Implementar métodos robustos de autenticação, como autenticação multifator (MFA), para verificar a identidade dos usuários antes de conceder acesso aos dados geoespaciais.

2. Autorização Granular: Estabelecer permissões granulares, atribuindo diferentes níveis de acesso com base nas funções e responsabilidades dos usuários. Por exemplo, um analista pode ter permissão para visualizar dados, enquanto um administrador tem permissão para modificá-los.

3. Políticas de Grupo: Organizar usuários em grupos com permissões específicas facilita a administração do controle de acesso. Isso é especialmente útil em ambientes onde diferentes equipes têm diferentes necessidades de acesso.

4. Registro de Auditoria: Manter registros detalhados de atividades, como quem acessou, modificou ou deletou dados, contribui para a segurança. Os registros de auditoria permitem a detecção rápida de atividades suspeitas e podem ser essenciais para investigações de segurança.

5. Revisões Periódicas: Realizar revisões periódicas das permissões de acesso é crucial. À medida que as responsabilidades dos usuários mudam, suas permissões também devem ser ajustadas para garantir que apenas as pessoas autorizadas tenham acesso.

6. Controle Baseado em Funções (RBAC): Implementar um modelo de controle de acesso baseado em funções permite a atribuição eficiente de permissões com base nas funções desempenhadas pelos usuários, simplificando a administração e garantindo a consistência.

7. Segregação de Deveres: Evitar a concentração excessiva de poderes é importante. A segregação de deveres envolve dividir funções de modo que nenhuma pessoa tenha controle completo sobre um processo.

8. Criptografia de Dados Sensíveis: Utilizar criptografia para proteger dados sensíveis, tanto em repouso quanto em trânsito, adiciona uma camada adicional de segurança, garantindo que mesmo se ocorrer acesso não autorizado, os dados permaneçam protegidos.

9. Restrição de Acesso Físico: Além do controle lógico, garantir que apenas pessoal autorizado tenha acesso físico aos servidores que armazenam dados geoespaciais é vital para a segurança global.

10. Atualizações e Treinamento: Manter-se atualizado com as melhores práticas de segurança e fornecer treinamento contínuo aos usuários e administradores do sistema é fundamental para garantir que as estratégias de controle de acesso permaneçam eficazes ao longo do tempo.

O controle de acesso em bancos de dados geoespaciais desempenha um papel crucial na proteção de dados sensíveis de localização. Estratégias eficazes devem abranger desde a autenticação até a criptografia, garantindo uma abordagem abrangente para a segurança da informação em um contexto geoespacial.

7.3. Auditoria e Rastreamento

Auditoria e Rastreamento em Bancos de Dados Geoespaciais: Monitorando e Protegendo Operações Cruciais

A auditoria e o rastreamento em bancos de dados geoespaciais são práticas fundamentais que desempenham um papel crucial na monitorização de atividades, identificação de potenciais ameaças e na manutenção de registros detalhados das operações realizadas nos dados. Essas práticas são essenciais para garantir a integridade, confidencialidade e disponibilidade dos dados geoespaciais. Vamos explorar os conceitos subjacentes a essas práticas.

Auditoria em Bancos de Dados Geoespaciais:

1. Monitoramento de Atividades:
- A auditoria envolve o monitoramento contínuo das atividades no banco de dados geoespacial. Cada ação, como acesso, modificação ou exclusão de dados, é registrada para posterior análise.

2. Identificação de Anomalias:
- Através da auditoria, é possível identificar padrões de acesso incomuns ou atividades suspeitas. Isso inclui múltiplas tentativas de login, alterações massivas de dados ou qualquer atividade que possa indicar uma ameaça à segurança.

3. Conformidade e Regulamentações:
- A auditoria é essencial para garantir a conformidade com regulamentações específicas, como o GDPR (Regulamento Geral de Proteção de Dados) em regiões específicas. Os registros de auditoria servem como evidência de conformidade.

4. Investigação e Resposta a Incidentes:
- Em caso de incidentes de segurança, os registros de auditoria desempenham um papel crucial na investigação. Eles ajudam a reconstruir eventos, identificar a origem da ameaça e determinar a extensão do impacto.

Rastreamento em Bancos de Dados Geoespaciais:

1. Registro Detalhado de Operações:

- O rastreamento envolve a criação de registros detalhados de cada operação realizada nos dados geoespaciais. Isso inclui informações como quem realizou a operação, quando ela foi realizada e que dados foram afetados.

2. Histórico de Alterações:

- O rastreamento permite a criação de um histórico de alterações nos dados. Isso é crucial para compreender como os dados evoluíram ao longo do tempo, facilitando a análise de tendências e a reversão a versões anteriores, se necessário.

3. Responsabilização dos Usuários:

- Ao rastrear cada operação até o nível do usuário, o sistema cria um ambiente de responsabilização. Isso incentiva a adoção de práticas seguras, sabendo que as ações de cada usuário são registradas.

4. Garantia de Integridade:

- O rastreamento contribui para a garantia da integridade dos dados. Se ocorrerem modificações não autorizadas, os registros de rastreamento permitirão identificar quando e como essas modificações foram feitas.

A Importância Conjunta de Auditoria e Rastreamento:

1. Prevenção e Detecção Precoce:
- A combinação de auditoria e rastreamento é eficaz na prevenção de acessos não autorizados e na detecção precoce de atividades suspeitas.

2. Tomada de Decisão Informada:
- Os registros detalhados de auditoria e rastreamento fornecem informações críticas para tomada de decisão informada. Isso é especialmente importante em situações de incidentes de segurança ou na análise de mudanças significativas nos dados geoespaciais.

3. Conformidade e Responsabilidade:
- Ambas as práticas são essenciais para garantir a conformidade com regulamentações e normas de segurança e para estabelecer uma cultura de responsabilidade entre os usuários e administradores do sistema.

4. Melhoria Contínua:
- Ao analisar regularmente os registros de auditoria e rastreamento, as organizações podem identificar áreas de melhoria na segurança do banco de dados e implementar medidas corretivas.

A auditoria e o rastreamento são pilares fundamentais da segurança em bancos de dados geoespaciais. Essas práticas proporcionam uma visão abrangente das atividades no sistema, permitindo uma resposta rápida a incidentes, garantindo conformidade e assegurando a integridade dos dados ao longo do tempo.

7.4. Proteção de Dados Sensíveis

Proteção de Dados Sensíveis em Bancos de Dados Geoespaciais: Salvaguardando a Privacidade e Segurança

A proteção de dados sensíveis em bancos de dados geoespaciais é uma preocupação primordial, especialmente devido à natureza das informações relacionadas à localização. Garantir a privacidade e segurança desses dados envolve a implementação de medidas robustas para minimizar riscos. Abaixo estão estratégias e considerações específicas relacionadas à proteção de dados sensíveis em ambientes geoespaciais.

1. Anonimização e Pseudonimização:
   - Estratégia: Substituir informações pessoais identificáveis por identificadores não relacionados diretamente à identidade do indivíduo.
   - Objetivo: Minimizar o risco de identificação pessoal enquanto ainda permite análises geoespaciais valiosas.

2. Controle de Acesso Granular:

- Estratégia: Implementar controle de acesso granular, atribuindo permissões específicas com base nas necessidades do usuário.

- Objetivo: Garantir que apenas usuários autorizados tenham acesso a dados sensíveis de localização, limitando a exposição.

3. Criptografia de Dados:

- Estratégia: Utilizar criptografia para proteger dados sensíveis em repouso e em trânsito.

- Objetivo: Adicionar uma camada de segurança para impedir o acesso não autorizado mesmo se os dados forem comprometidos.

4. Minimização de Dados:

- Estratégia: Coletar e armazenar apenas os dados geoespaciais necessários para a finalidade específica, evitando a retenção excessiva.

- Objetivo: Reduzir a exposição e o potencial impacto em caso de violação de dados.

5. Auditoria e Rastreamento:

- Estratégia: Implementar auditoria e rastreamento detalhados para monitorar todas as atividades no banco de dados geoespacial.

- Objetivo: Identificar e responder rapidamente a acessos não autorizados, modificação indevida ou atividades suspeitas.

6. Consentimento Informado:

- Estratégia: Obter consentimento informado dos usuários antes de coletar e processar dados sensíveis de localização.

- Objetivo: Garantir conformidade com regulamentações de privacidade e demonstrar transparência nas práticas de coleta de dados.

7. Políticas de Retenção de Dados:

- Estratégia: Estabelecer políticas claras sobre a retenção e eliminação segura de dados sensíveis.

- Objetivo: Evitar a manutenção desnecessária de informações e reduzir o risco de exposição.

8. Treinamento de Usuários:

- Estratégia: Fornecer treinamento regular aos usuários sobre práticas de segurança e a importância da proteção de dados sensíveis.

- Objetivo: Criar uma cultura de conscientização que minimize erros humanos que possam levar a violações de segurança.

9. Segregação de Funções:

- Estratégia: Separar responsabilidades para garantir que nenhuma pessoa tenha acesso irrestrito a dados sensíveis.

- Objetivo: Prevenir potenciais abusos ou acessos não autorizados através da distribuição controlada de responsabilidades.

10. Conformidade com Regulamentações:

- Estratégia: Manter-se atualizado com as regulamentações de privacidade geoespacial, como GDPR, e garantir total conformidade.
- Objetivo: Evitar penalidades legais e demonstrar comprometimento com a proteção da privacidade.

A implementação eficaz dessas estratégias não apenas protege a privacidade dos indivíduos, mas também fortalece a segurança geral do banco de dados geoespacial. Ao considerar a natureza sensível dos dados de localização, a abordagem para a proteção deve ser holística, abrangendo aspectos técnicos, processuais e de conscientização do usuário.

7.5. Backup e Recuperação

Backup e Recuperação em Bancos de Dados Geoespaciais: Garantindo Continuidade e Resiliência

A importância de backup e recuperação em bancos de dados geoespaciais é fundamental para assegurar a continuidade operacional e a resiliência dos dados, especialmente diante de eventos adversos. Essas práticas desempenham um papel crucial na proteção contra perda de dados, falhas de sistema, desastres naturais e ameaças cibernéticas. Vamos explorar por que essas estratégias são essenciais e algumas das melhores práticas associadas.

Importância de Backup e Recuperação:

1. Resiliência contra Falhas de Hardware e Software:
   - Em um ambiente geoespacial, onde a integridade dos dados é crucial, falhas de hardware ou software podem resultar em perdas significativas. O backup garante a recuperação rápida desses dados, minimizando o impacto operacional.

2. Proteção contra Desastres Naturais:
   - Desastres naturais, como terremotos, inundações ou incêndios, podem ameaçar a infraestrutura física e digital. O backup, armazenado em locais seguros e fora do local principal, oferece uma camada adicional de proteção contra a perda total de dados.

3. Mitigação de Ameaças Cibernéticas:
   - Com o aumento das ameaças cibernéticas, ataques como ransomware podem comprometer dados críticos. O backup se torna uma ferramenta essencial para restaurar os dados após a remoção do malware, minimizando o impacto de tais incidentes.

4. Garantia de Disponibilidade Contínua:
   - A recuperação rápida e eficiente por meio de backups assegura a disponibilidade contínua dos dados geoespaciais. Isso é crucial, especialmente em cenários onde interrupções podem ter implicações sérias, como em serviços de emergência ou navegação.

Melhores Práticas em Backup e Recuperação:

1. Agendamento Regular de Backup:
   - Estabelecer um cronograma regular para a execução de backups é fundamental. Isso garante a captura de alterações recentes nos dados, reduzindo a perda potencial em caso de falha.

2. Armazenamento Seguro e Redundante:
   - Armazenar backups em locais seguros e redundantes é crucial. Isso pode incluir servidores secundários, serviços de nuvem e locais fora do local principal para proteção contra desastres.

3. Testes de Recuperação:
   - Realizar testes regulares de recuperação é uma prática vital. Isso verifica a eficácia dos backups e garante que o processo de recuperação seja suave e rápido quando necessário.

4. Versões Históricas:
   - Manter versões históricas dos backups permite a recuperação de dados para momentos específicos no tempo, útil em casos de corrupção de dados que podem não ser imediatamente detectados.

5. Documentação Detalhada:
   - Documentar os procedimentos de backup e recuperação de forma detalhada é essencial para facilitar a implementação eficaz em situações de

emergência. Isso é crucial, especialmente em ambientes complexos geoespaciais.

6. Criptografia dos Backups:

   - Criptografar os backups garante a segurança dos dados durante o armazenamento e a transferência. Isso é crucial, especialmente ao lidar com dados geoespaciais sensíveis.

7. Automatização do Processo:

   - Automatizar o processo de backup reduz o risco de erro humano e garante que os backups sejam realizados conforme o cronograma estabelecido.

8. Políticas de Retenção:

   - Estabelecer políticas claras de retenção de backup, determinando por quanto tempo os backups serão mantidos. Isso ajuda a gerenciar eficientemente o armazenamento e cumprir requisitos regulatórios.

   A implementação eficaz de práticas de backup e recuperação é crítica para a preservação da integridade, disponibilidade e resiliência dos dados geoespaciais. Essas estratégias não apenas protegem contra perdas acidentais, mas também fortalecem a capacidade de resposta em cenários de emergência.

Capítulo 8: Integração de Dados Geoespaciais com Aplicações

8.1. API e Web Services

APIs e Web Services: Facilitando a Integração de Dados Geoespaciais

As APIs (Interfaces de Programação de Aplicações) e os Web Services desempenham um papel crucial na integração de dados geoespaciais com aplicações, permitindo uma comunicação eficiente entre sistemas e facilitando o compartilhamento de informações geográficas. Vamos explorar como essas tecnologias funcionam e por que são essenciais nesse contexto.

1. Definição de APIs e Web Services:

- APIs: Uma API é um conjunto de regras e protocolos que permite que uma aplicação se comunique com outra. Em essência, é uma ponte que permite a interação entre diferentes sistemas ou componentes de software.

- Web Services: São uma categoria específica de APIs que utilizam padrões da World Wide Web para facilitar a comunicação entre sistemas distribuídos pela internet. Os Web Services podem ser acessados via HTTP (Hypertext Transfer Protocol) e são geralmente implementados usando padrões como SOAP (Simple Object Access Protocol) ou REST (Representational State Transfer).

2. Papel das APIs e Web Services em Dados Geoespaciais:

- Comunicação Eficiente:
  - APIs e Web Services fornecem uma maneira eficiente de sistemas trocarem dados geoespaciais. As aplicações podem fazer solicitações específicas para obter informações geográficas de outras fontes, ou até mesmo enviar dados geoespaciais para serem processados externamente.

- Padronização da Comunicação:
  - Ao utilizar padrões como REST ou SOAP, os Web Services oferecem uma forma padronizada de comunicação. Isso facilita a interoperabilidade entre diferentes sistemas, independentemente das linguagens de programação ou plataformas utilizadas.

- Acesso a Dados Remotos:
  - APIs e Web Services possibilitam o acesso a dados geoespaciais remotos. Isso é particularmente útil em cenários em que os dados estão distribuídos em diferentes servidores ou sistemas, permitindo que aplicações acessem informações geográficas sem a necessidade de ter todos os dados localmente.

- Integração com Sistemas Externos:
  - Organizações frequentemente utilizam uma variedade de sistemas para gerenciar dados geoespaciais. APIs e Web Services facilitam a

integração desses sistemas, permitindo que trabalhem em conjunto de maneira harmoniosa.

- Atualização em Tempo Real:
  - O uso de Web Services facilita a atualização em tempo real de dados geoespaciais. Isso é fundamental em aplicações que requerem informações geográficas precisas e atualizadas, como serviços de navegação ou monitoramento em tempo real.

3. Exemplos de Uso em Dados Geoespaciais:

- Serviços de Mapas Online:
  - Muitos serviços de mapas online, como Google Maps ou OpenStreetMap, oferecem APIs que permitem que desenvolvedores incorporem mapas interativos em suas próprias aplicações.

- Geocodificação e Roteamento:
  - APIs de geocodificação e roteamento, como aquelas fornecidas pela Google Maps API, permitem que os desenvolvedores integrem funcionalidades de localização e navegação em suas aplicações.

- Integração com Sistemas GIS (Sistemas de Informação Geográfica):
  - APIs e Web Services são amplamente utilizados para integrar sistemas GIS, permitindo que dados geoespaciais sejam compartilhados entre diferentes plataformas de GIS.

4. Benefícios Adicionais:

- Escalabilidade:
- APIs e Web Services oferecem escalabilidade, permitindo que sistemas cresçam e se adaptem facilmente à medida que as demandas por dados geoespaciais aumentam.

- Facilidade de Manutenção:
- Atualizações em sistemas individuais podem ser feitas sem afetar negativamente outros sistemas que se integram por meio de APIs. Isso simplifica a manutenção e evolução das aplicações.

- Promoção da Inovação:
- Ao disponibilizar APIs, as organizações encorajam a inovação, permitindo que desenvolvedores externos criem novas aplicações e serviços que utilizam dados geoespaciais.

Em resumo, APIs e Web Services desempenham um papel central na integração eficiente de dados geoespaciais em aplicações diversas. Essas tecnologias não apenas facilitam a comunicação entre sistemas, mas também promovem a interoperabilidade e suportam a criação de aplicações mais robustas e inovadoras no domínio geoespacial.

8.2. Integração com Aplicativos Móveis

Integração de Dados Geoespaciais em Aplicativos Móveis: Enriquecendo Experiências e Facilitando Tomadas de Decisão

A integração de dados geoespaciais em aplicativos móveis representa uma revolução nas experiências digitais, permitindo que usuários acessem informações contextuais relevantes com base em sua localização geográfica. Essa sinergia entre dados geoespaciais e aplicativos móveis não apenas enriquece a experiência do usuário, mas também oferece funcionalidades inovadoras e práticas. Vamos explorar como essa integração ocorre e fornecer exemplos práticos.

Como Acontece a Integração:

1. APIs Geoespaciais para Desenvolvedores:
   - Desenvolvedores de aplicativos móveis podem utilizar APIs geoespaciais, como Google Maps API ou Mapbox API, para incorporar funcionalidades de mapas, geocodificação e roteamento em seus aplicativos.

2. Uso de Serviços de Localização do Dispositivo:
   - Os dispositivos móveis modernos estão equipados com receptores GPS e outros sensores de localização. Os aplicativos podem usar esses serviços para obter a

localização atual do usuário e apresentar informações relevantes com base nessa posição.

3. Integração com Dados Externos:
- Além dos serviços de mapas padrão, os aplicativos podem integrar-se a bancos de dados geoespaciais externos para obter informações específicas sobre pontos de interesse, rotas recomendadas ou dados ambientais.

Exemplos Práticos:

1. Navegação e Roteamento:
- Aplicativos de navegação, como o Google Maps, utilizam dados geoespaciais para fornecer rotas precisas e informações sobre tráfego em tempo real, permitindo que os usuários tomem decisões informadas sobre seus deslocamentos.

2. Realidade Aumentada Baseada em Localização:
- Aplicativos que usam realidade aumentada baseada em localização oferecem experiências imersivas, sobrepondo informações geoespaciais ao ambiente físico. Isso pode incluir detalhes sobre pontos turísticos, restaurantes ou informações históricas.

3. Aplicativos de Entrega e Logística:
- Empresas de entrega usam dados geoespaciais para otimizar rotas de entrega, rastrear veículos em tempo real e oferecer aos usuários informações precisas sobre o status de seus pedidos.

4. Aplicações de Planejamento Urbano:

- Aplicativos desenvolvidos para planejamento urbano podem fornecer visualizações interativas do ambiente urbano, incorporando dados sobre zonas de construção, planejamento de tráfego e áreas verdes.

5. Aplicativos de Saúde e Bem-Estar:

- Aplicativos de fitness que integram dados geoespaciais podem rastrear rotas de corrida, fornecer informações sobre trilhas para caminhadas e até mesmo alertar sobre áreas poluídas.

6. Marketing Baseado em Localização:

- Empresas utilizam dados geoespaciais para personalizar ofertas e anúncios com base na localização do usuário, fornecendo uma experiência mais relevante e direcionada.

Benefícios da Integração:

1. Relevância Contextual:

- A integração de dados geoespaciais permite que os aplicativos forneçam informações contextualmente relevantes, adaptando-se à localização específica do usuário.

2. Tomada de Decisão Informada:

- Os usuários podem tomar decisões mais informadas com base em informações geográficas, como escolher a rota mais rápida, descobrir pontos de interesse ou receber alertas relevantes.

3. Experiências Inovadoras:
- A combinação de dados geoespaciais com recursos móveis, como sensores de movimento e câmeras, abre espaço para experiências inovadoras, como navegação por realidade aumentada ou jogos baseados em localização.

4. Eficiência Operacional:
- Setores como logística e serviços de entrega podem otimizar operações, reduzir tempos de entrega e melhorar a eficiência geral com base em dados geoespaciais em tempo real.

Em última análise, a integração de dados geoespaciais em aplicativos móveis representa uma evolução significativa na forma como interagimos com a tecnologia no cotidiano. Essa sinergia oferece não apenas praticidade e eficiência, mas também abre portas para a criação de experiências digitais inovadoras e contextualmente ricas.

8.3. Integração com Sistemas de Planejamento

Integração de Dados Geoespaciais com Sistemas de Planejamento: Otimizando Processos Estratégicos

A integração de dados geoespaciais com sistemas de planejamento é uma abordagem estratégica que oferece vantagens significativas em diversos setores, como planejamento urbano, logístico e ambiental. Essa sinergia permite uma compreensão mais holística e contextualizada dos dados, melhorando a eficiência operacional e possibilitando tomadas de decisão mais informadas. Vamos explorar o conceito dessa integração e destacar casos de uso específicos.

O Conceito da Integração:

A integração de dados geoespaciais com sistemas de planejamento refere-se à combinação de informações geográficas com os processos e decisões inerentes ao planejamento estratégico. Envolve a coleta, análise e interpretação de dados geoespaciais relevantes para enriquecer o contexto de sistemas de planejamento específicos.

Vantagens da Integração:

1. Visualização Holística:
   - A incorporação de dados geoespaciais oferece uma visão abrangente e visual do ambiente em análise. Isso é particularmente valioso em planejamento urbano, onde a visualização do espaço físico é fundamental.

2. Tomada de Decisão Informada:

- A integração permite que os tomadores de decisão considerem fatores geográficos cruciais. Em logística, por exemplo, a localização de armazéns e centros de distribuição pode ser otimizada com base em dados geoespaciais.

3. Eficiência Operacional:

- No planejamento logístico, a integração com dados geoespaciais ajuda a otimizar rotas de entrega, reduzindo tempos de trânsito e melhorando a eficiência operacional.

4. Planejamento Urbano Sustentável:

- Em planejamento urbano, dados geoespaciais são cruciais para avaliar a expansão urbana, identificar áreas propensas a desastres naturais e planejar o uso eficiente da terra para promover a sustentabilidade.

5. Monitoramento Ambiental:

- Em sistemas de planejamento ambiental, dados geoespaciais permitem monitorar mudanças nas condições ambientais, avaliar a biodiversidade e planejar intervenções para preservação.

Casos de Uso Específicos:

1. Planejamento Urbano:

- Na expansão urbana, a integração de dados geoespaciais auxilia na identificação de áreas propícias ao desenvolvimento, considerando fatores como acessibilidade, infraestrutura existente e potenciais impactos ambientais.

2. Logística e Supply Chain:
   - Em logística, a integração com dados geoespaciais facilita a gestão de rotas, localização de armazéns estratégicos e a redução dos custos associados ao transporte.

3. Agricultura de Precisão:
   - Na agricultura, dados geoespaciais são utilizados para otimizar o uso de recursos, como água e fertilizantes, baseando-se nas características específicas de cada área cultivada.

4. Planejamento de Serviços Públicos:
   - No planejamento de serviços públicos, como redes de água e energia, a integração de dados geoespaciais facilita a identificação de áreas que necessitam de melhorias ou manutenção.

5. Gestão de Desastres:
   - Em situações de desastres naturais, a integração de dados geoespaciais permite uma resposta mais rápida e eficaz, identificando áreas afetadas e otimizando o direcionamento de recursos.

A integração de dados geoespaciais com sistemas de planejamento é um passo fundamental para otimizar processos estratégicos em diversas áreas. Ao incorporar informações geográficas, os sistemas de planejamento ganham uma dimensão mais completa e contextualizada, proporcionando benefícios tangíveis em termos de eficiência, sustentabilidade e tomada de decisão informada.

8.4. Visualização de Dados Geoespaciais

A Importância da Visualização de Dados Geoespaciais: Compreensão e Tomada de Decisão Aprimoradas

A visualização de dados geoespaciais desempenha um papel crucial na interpretação e comunicação eficaz de informações geográficas. Ao transformar dados complexos em representações visuais compreensíveis, ela facilita a análise, promove insights mais profundos e é essencial para apoiar a tomada de decisões informada. Vamos explorar a importância da visualização e as técnicas/ferramentas utilizadas para apresentar dados geoespaciais de maneira eficaz.

Importância da Visualização:

1. Contextualização Espacial:
- A visualização proporciona uma compreensão instantânea do contexto espacial dos dados. Isso é crucial para áreas como planejamento urbano, gestão ambiental e logística, onde a localização geográfica é fundamental para a tomada de decisões.

2. Identificação de Padrões e Tendências:

- Gráficos, mapas e visualizações 3D permitem a identificação rápida de padrões e tendências em dados geoespaciais. Isso facilita a detecção de insights valiosos que poderiam ser perdidos em conjuntos de dados puramente tabulares.

3. Comunicação Efetiva:

- Visualizações claras são essenciais para comunicar informações geoespaciais complexas a diversos públicos. Elas simplificam conceitos complicados, tornando os dados acessíveis e compreensíveis para um público mais amplo.

4. Tomada de Decisão Informada:

- Uma visualização eficaz capacita tomadores de decisão a compreenderem as implicações espaciais dos dados. Isso é crucial em áreas como gestão de emergências, onde a rapidez na tomada de decisões é vital.

5. Exploração Interativa:

- Ferramentas de visualização interativa permitem que os usuários explorem os dados geoespaciais de maneira dinâmica. Isso promove uma compreensão mais profunda, pois os usuários podem focar em áreas específicas de interesse.

Técnicas e Ferramentas de Visualização:

1. Mapas:
- Mapas são uma forma fundamental de visualização geoespacial. Eles podem variar de mapas simples a mapas interativos que incorporam camadas adicionais de informações, como densidade populacional, padrões climáticos ou infraestrutura.

2. Gráficos Espaciais:
- Gráficos que incorporam informações geográficas, como gráficos de barras ou gráficos de dispersão espacial, podem fornecer insights sobre a distribuição de dados em diferentes regiões.

3. Visualização 3D:
- Ambientes 3D são eficazes para representar informações geoespaciais em três dimensões. Isso é valioso em setores como arquitetura, planejamento urbano e geologia.

4. Infográficos Geográficos:
- Infográficos são representações visuais que podem incluir mapas, gráficos e ícones para comunicar informações geoespaciais de maneira concisa e atrativa.

5. Realidade Aumentada (RA):
- A RA integra dados geoespaciais no ambiente físico, proporcionando uma experiência imersiva. Isso é valioso em campos como turismo, educação e design urbano.

Importância na Interpretação de Dados:

1. Identificação de Relações Espaciais:
   - Visualizações facilitam a identificação de relações espaciais entre diferentes conjuntos de dados, permitindo uma análise mais aprofundada.

2. Deteção de Anomalias:
   - Ao visualizar padrões espaciais, é mais fácil detectar anomalias ou áreas que se destacam, indicando a necessidade de investigação adicional.

3. Compreensão da Distribuição:
   - A visualização ajuda na compreensão da distribuição espacial de fenômenos, desde a concentração populacional até padrões climáticos.

4. Comunicação Eficaz:
   - Ao apresentar dados geoespaciais de maneira visual, a comunicação é aprimorada, facilitando o compartilhamento de informações e a colaboração entre equipes.

5. Suporte à Análise Temporal:
   - Gráficos temporais e animações geoespaciais permitem a análise de mudanças ao longo do tempo, fornecendo insights valiosos sobre padrões sazonais ou evoluções.

A visualização de dados geoespaciais é essencial para extrair significado e valor de informações complexas. Ela não apenas aprimora a compreensão, mas também desempenha um papel fundamental na comunicação eficaz e na tomada de decisões informada em uma variedade de setores.

8.5. Estudos de Caso de Integração

Estudos de Caso de Sucesso na Integração de Dados Geoespaciais: Eficiência, Decisões Inovadoras e Impacto Tecnológico

A integração de dados geoespaciais tem sido fundamental em uma variedade de aplicações, proporcionando benefícios significativos em termos de eficiência operacional, tomada de decisões e inovação tecnológica. Abaixo estão alguns estudos de caso de sucesso que ilustram como essa integração impulsionou avanços notáveis em diferentes setores.

1. Uber: Otimização de Rotas em Tempo Real

Contexto:
- A Uber utiliza intensivamente dados geoespaciais para otimizar rotas de viagem em tempo real. Isso não só melhora a experiência do usuário, mas também reduz o tempo de viagem e otimiza a alocação de veículos.

Benefícios:

- Eficiência Operacional: A integração de dados geoespaciais permite que a Uber otimize dinamicamente as rotas com base no tráfego em tempo real, resultando em viagens mais rápidas e eficientes.

- Tomada de Decisão Informada: A análise contínua dos dados geoespaciais possibilita decisões informadas sobre estratégias de expansão, identificando áreas de alta demanda e oportunidades de crescimento.

2. Esri: ArcGIS para Planejamento Urbano Sustentável

Contexto:
- A Esri, uma empresa especializada em sistemas de informação geográfica (SIG), implementou o ArcGIS em projetos de planejamento urbano sustentável em várias cidades.

Benefícios:
- Eficiência Operacional: A integração permite uma análise detalhada do ambiente urbano, otimizando o uso do solo, identificando áreas propícias a projetos verdes e facilitando o planejamento de infraestrutura.

- Tomada de Decisão para a Sustentabilidade: As visualizações geoespaciais fornecem dados críticos para decisões que visam a sustentabilidade, como a criação de áreas verdes, gestão de resíduos e planejamento de transporte público.

3. NASA Worldview: Monitoramento Global do Clima

Contexto:

- A NASA Worldview é uma plataforma que integra dados geoespaciais para monitoramento global do clima. Ela agrega informações de satélites e fornece visualizações em tempo real.

Benefícios:

- Inovação Tecnológica: A integração de dados geoespaciais avançados permite que pesquisadores, cientistas e o público em geral monitorem eventos climáticos globais em tempo real, contribuindo para a compreensão e mitigação das mudanças climáticas.

4. Zillow: Visualização Geoespacial para o Mercado Imobiliário

Contexto:

- O Zillow, uma plataforma de mercado imobiliário, utiliza dados geoespaciais para fornecer informações detalhadas sobre propriedades, incluindo preços, histórico de vendas e dados demográficos locais.

Benefícios:

- Eficiência na Pesquisa Imobiliária: A integração de dados geoespaciais facilita aos usuários a pesquisa eficiente de propriedades com base em critérios específicos, como localização, preço e características do bairro.

- Tomada de Decisão Informada: Com informações detalhadas e visualizações geoespaciais, compradores e vendedores têm uma base sólida para tomar decisões informadas no mercado imobiliário.

5. Banco Mundial: Monitoramento de Epidemias

Contexto:

- O Banco Mundial utiliza integração de dados geoespaciais para monitorar epidemias em nível global. Isso envolve a análise de dados de saúde, movimentos populacionais e condições ambientais.

Benefícios:

- Resposta Rápida a Epidemias: A integração de dados geoespaciais permite uma resposta mais rápida a surtos de doenças, facilitando a alocação eficiente de recursos de saúde e o desenvolvimento de estratégias de contenção.

- Tomada de Decisão Baseada em Localização: Com visualizações geoespaciais, as autoridades de saúde podem identificar áreas de risco, coordenar esforços de vacinação e implementar medidas preventivas de forma mais eficaz.

Esses estudos de caso destacam como a integração de dados geoespaciais não apenas otimiza processos operacionais, mas também impulsiona a inovação tecnológica e apoia a tomada de decisões informada em uma variedade de setores, demonstrando o impacto significativo dessa abordagem interdisciplinar.

Capítulo 9: Big Data e Dados Geoespaciais

9.1. Dados Geoespaciais em Ambientes de Big Data

Dados Geoespaciais em Ambientes de Big Data: A Integração para Análises Escaláveis e Inovadoras

Os dados geoespaciais, por sua natureza complexa e volumosa, encontram um ambiente propício para análise e gestão eficiente nos sistemas de Big Data. A integração desses dados em ambientes de Big Data oferece oportunidades para insights mais profundos, tomadas de decisão informadas e inovações em diversas áreas. Vamos explorar como os dados geoespaciais se encaixam em ambientes de Big Data e a importância dessa integração.

Natureza dos Dados Geoespaciais em Larga Escala:

1. Volume Significativo:
   - Dados geoespaciais frequentemente representam conjuntos de informações vastos, incluindo informações sobre localização, mapas, imagens de satélite e dados temporais. O volume considerável desses dados pode rapidamente alcançar dimensões massivas.

2. Complexidade Espacial e Temporal:
   - A complexidade espacial dos dados geoespaciais reside na representação tridimensional do mundo real. Além disso, muitos desses dados são dinâmicos, variando ao longo do tempo. Isso adiciona uma

dimensão temporal, tornando-os mais desafiadores e, ao mesmo tempo, mais ricos em informações.

3. Variedade de Formatos:

- Dados geoespaciais podem assumir diversos formatos, incluindo dados vetoriais, dados raster, dados de sensoriamento remoto, e muito mais. Integrar e analisar esses formatos diversificados requer abordagens flexíveis e adaptáveis.

Gestão em Sistemas de Big Data:

1. Armazenamento Distribuído:
- Ambientes de Big Data, como o Hadoop Distributed File System (HDFS), permitem o armazenamento distribuído de dados geoespaciais em larga escala. Essa abordagem facilita a escalabilidade horizontal, possibilitando lidar com grandes volumes de dados de forma eficiente.

2. Processamento Paralelo:
- Sistemas de Big Data, como Apache Spark, oferecem capacidades de processamento paralelo. Isso é crucial para analisar simultaneamente grandes conjuntos de dados geoespaciais, reduzindo significativamente os tempos de processamento.

3. Ferramentas Específicas:
- Ferramentas e bibliotecas específicas para dados geoespaciais, como GeoSpark e GeoMesa, foram desenvolvidas para operar de forma eficaz em

ambientes de Big Data. Elas oferecem funcionalidades avançadas para consultas espaciais e análises.

4. Integração com Frameworks de Machine Learning:
- Ambientes de Big Data geralmente integram frameworks de machine learning, como TensorFlow ou Apache Flink, permitindo análises preditivas avançadas nos dados geoespaciais.

5. Visualização Distribuída:
- Sistemas de Big Data também podem ser integrados com ferramentas de visualização distribuída, como Apache Superset ou Tableau, para representar graficamente os resultados das análises geoespaciais.

Importância da Integração:

1. Análises Escaláveis:
- A integração de dados geoespaciais em ambientes de Big Data permite análises em escala, possibilitando o processamento eficiente de grandes volumes de dados e a realização de consultas espaciais complexas em tempo real.

2. Tomada de Decisão Informada:
- A capacidade de analisar dados geoespaciais em conjunto com outras fontes de dados em ambientes de Big Data amplia a compreensão do contexto, possibilitando tomadas de decisão mais informadas em diversos setores, como logística, planejamento urbano e ciências ambientais.

3. Inovação Tecnológica:

- A integração de dados geoespaciais em ambientes de Big Data impulsiona a inovação tecnológica, permitindo a criação de soluções avançadas, como sistemas de navegação precisos, análises de risco ambiental em tempo real e otimização de rotas em larga escala.

4. Eficiência em Análises Temporais:

- Ambientes de Big Data facilitam a análise de dados geoespaciais ao longo do tempo, permitindo a identificação de padrões temporais, tendências sazonais e análises dinâmicas para setores como agricultura, monitoramento climático e gestão de desastres.

A integração de dados geoespaciais em ambientes de Big Data representa uma sinergia poderosa, capacitando análises escaláveis, tomadas de decisão informadas e inovações tecnológicas. Isso não apenas amplia as capacidades analíticas, mas também impulsiona a transformação em vários setores que dependem fortemente de informações geográficas.

9.2. Processamento de Dados em Larga Escala

Processamento de Dados Geoespaciais em Larga Escala: Estratégias Distribuídas e Tecnologias Inovadoras

O processamento de dados geoespaciais em larga escala envolve a aplicação de técnicas distribuídas para lidar com grandes volumes de dados geográficos de forma eficiente. À medida que a quantidade de dados geoespaciais continua a crescer, torna-se imperativo empregar abordagens escaláveis. Vamos explorar como as técnicas de processamento distribuído são aplicadas nesse contexto e destacar as tecnologias comumente utilizadas.

Desafios no Processamento de Dados Geoespaciais:

1. Volume Significativo:
   - Dados geoespaciais frequentemente representam conjuntos de informações vastos, incluindo mapas, imagens de satélite e dados temporais. O volume significativo desses dados pode sobrecarregar sistemas de processamento convencionais.

2. Complexidade Espacial e Temporal:
   - A complexidade espacial e temporal dos dados geoespaciais aumenta a carga de processamento. A representação tridimensional do mundo real e a dinâmica temporal dos dados requerem abordagens especializadas.

3. Necessidade de Análises Complexas:

- As análises geoespaciais frequentemente envolvem operações complexas, como consultas espaciais, união de dados espaciais e análises de proximidade, que podem ser computacionalmente intensivas.

Técnicas de Processamento Distribuído:

1. Divisão e Conquista (MapReduce):
    - A técnica de MapReduce divide uma tarefa complexa em tarefas menores, chamadas de "map" e "reduce", que podem ser distribuídas entre vários nós de processamento. É eficaz para operações paralelizáveis, como processamento de imagens e extração de informações de grandes conjuntos de dados geoespaciais.

2. Processamento em Batch e Tempo Real:
    - Sistemas distribuídos podem processar dados geoespaciais em lotes (batch) ou em tempo real. Enquanto operações de lotes são eficientes para análises históricas, processamento em tempo real é crucial para aplicações que exigem respostas imediatas, como monitoramento em tempo real.

3. Indexação Espacial Distribuída:
    - A indexação espacial distribuída, como o uso de índices R-tree em sistemas distribuídos, facilita consultas espaciais eficientes. Essa técnica é essencial

para operações como busca de pontos próximos ou filtragem baseada em região.

4. Paralelismo em Consultas Espaciais:
- A capacidade de distribuir consultas espaciais entre várias instâncias de processamento permite a execução simultânea de operações complexas em grandes conjuntos de dados. Isso é fundamental para operações como análise de densidade e clusterização espacial.

Tecnologias Comumente Utilizadas:

1. Apache Hadoop:
- O Hadoop é uma estrutura que suporta a implementação do modelo MapReduce. Ele é eficaz para processar grandes volumes de dados geoespaciais em lotes.

2. Apache Spark:
- O Spark oferece uma abordagem mais rápida e flexível para o processamento distribuído, permitindo análises interativas e operações em tempo real. Ele é particularmente útil para operações complexas em dados geoespaciais.

3. GeoSpark:
- O GeoSpark é uma extensão do Spark projetada especificamente para processamento geoespacial. Ele

fornece operações geoespaciais eficientes e é integrado ao ecossistema Spark.

4. HBase:

- O HBase é um banco de dados NoSQL distribuído que pode ser usado para armazenar dados geoespaciais. Ele oferece acesso rápido a dados espaciais indexados.

5. Apache Flink:

- O Flink é uma plataforma de processamento em tempo real que suporta análises complexas e consultas espaciais em fluxos de dados contínuos.

Importância e Impacto:

1. Eficiência Operacional:

- O processamento distribuído melhora significativamente a eficiência operacional, permitindo análises rápidas e precisas de grandes conjuntos de dados geoespaciais.

2. Análises em Tempo Real:

- O processamento distribuído em tempo real possibilita monitoramento em tempo real, resposta rápida a eventos e análises contínuas.

3. Aplicações Escaláveis:

- As técnicas de processamento distribuído tornam as aplicações geoespaciais escaláveis, suportando o crescimento contínuo de dados e usuários.

4. Inovação Tecnológica:
- Essas abordagens são fundamentais para a inovação tecnológica

9.3. Armazenamento Distribuído

Armazenamento Distribuído de Dados Geoespaciais em Ambientes de Big Data: Escalabilidade e Eficiência

O armazenamento distribuído de dados geoespaciais em ambientes de Big Data é uma abordagem fundamental para lidar com a complexidade e o volume massivo desses dados. Essa estratégia distribuída não apenas oferece escalabilidade, mas também proporciona maior eficiência no gerenciamento de grandes conjuntos de informações geográficas. Vamos explorar o conceito de armazenamento distribuído e as tecnologias comumente empregadas nesse contexto.

Conceito de Armazenamento Distribuído:

O armazenamento distribuído é um paradigma no qual os dados são distribuídos entre vários nós de um sistema, ao invés de serem centralizados em um único local. Cada nó contém uma parte dos dados, e a distribuição é gerenciada de forma coordenada para garantir a integridade e acessibilidade dos dados. Isso não apenas contribui para a escalabilidade, mas também proporciona redundância e tolerância a falhas.

Contribuições para a Escalabilidade:

1. Distribuição de Carga:
   - Distribuindo os dados geoespaciais entre diversos nós, a carga de armazenamento e processamento é distribuída de forma equitativa. Isso evita gargalos e permite que o sistema atenda eficientemente a demandas crescentes.

2. Paralelismo:
   - A arquitetura distribuída permite a execução paralela de operações em diferentes partes dos dados. Isso é crucial para a realização de consultas espaciais complexas em grandes conjuntos de dados geoespaciais, melhorando significativamente o desempenho.

3. Expansão Horizontal:
   - À medida que a quantidade de dados geoespaciais cresce, é possível adicionar novos nós ao sistema para expandir a capacidade de armazenamento e processamento. Essa abordagem oferece escalabilidade horizontal, crucial em ambientes de Big Data.

Tecnologias de Armazenamento Distribuído Comumente Empregadas:

1. Hadoop Distributed File System (HDFS):

- O HDFS é uma solução central no ecossistema Hadoop. Ele divide os dados em blocos distribuídos em vários nós, proporcionando alta disponibilidade e tolerância a falhas.

2. Cassandra:

- O Cassandra é um banco de dados NoSQL distribuído, eficaz para armazenar dados geoespaciais. Oferece escalabilidade linear e resiliência a falhas.

3. Amazon S3 (Simple Storage Service):

- O S3 é um serviço de armazenamento distribuído da AWS, permitindo o armazenamento eficiente e seguro de grandes volumes de dados geoespaciais.

4. Google Cloud Storage:

- Similar ao S3, o Google Cloud Storage é uma solução distribuída na plataforma Google Cloud, oferecendo recursos avançados de armazenamento e recuperação.

5. HBase:

- O HBase é um banco de dados NoSQL distribuído integrado ao Hadoop. Proporciona uma estrutura escalável para armazenar dados geoespaciais em tabelas distribuídas.

Vantagens do Armazenamento Distribuído para Dados Geoespaciais:

1. Redundância e Tolerância a Falhas:
- A distribuição de dados proporciona redundância, reduzindo o risco de perda de informações em caso de falha em um dos nós.

2. Recuperação Eficiente:
- A distribuição permite a recuperação eficiente de dados mesmo em situações de falha, garantindo alta disponibilidade.

3. Evolução Contínua:
- A adição de novos nós permite a evolução contínua do sistema, adaptando-se ao crescimento dos dados geoespaciais.

4. Desempenho Otimizado:
- Operações paralelas e distribuídas melhoram o desempenho geral, especialmente em consultas espaciais complexas.

O armazenamento distribuído de dados geoespaciais em ambientes de Big Data representa uma abordagem essencial para enfrentar os desafios inerentes à complexidade e ao volume desses dados. Essas soluções não apenas proporcionam escalabilidade, mas também garantem eficiência operacional e alta disponibilidade em um contexto onde grandes conjuntos de dados geoespaciais são a norma.

9.4. Análise de Dados Geoespaciais em Big Data

Análise de Dados Geoespaciais em Ambientes de Big Data: Técnicas Avançadas para Insights Significativos

A análise de dados geoespaciais em ambientes de Big Data envolve a aplicação de técnicas avançadas para extrair insights significativos a partir de grandes conjuntos de dados geográficos. Vamos explorar as principais técnicas, algoritmos e ferramentas específicas utilizadas nesse contexto.

1. Processamento Distribuído:
- Em ambientes de Big Data, o processamento distribuído é fundamental. Ferramentas como o Apache Spark são amplamente utilizadas para processar grandes volumes de dados geoespaciais de maneira eficiente, permitindo análises complexas e a extração de informações relevantes.

2. Análise de Padrões Espaciais:
- Algoritmos de análise de padrões espaciais, como o Getis-Ord Gi (G de Getis e O de Ord), são aplicados para identificar clusters espaciais de alta ou baixa incidência de eventos. Essa técnica é valiosa em áreas como epidemiologia, urbanismo e monitoramento ambiental.

3. Geoanalytics:

- Plataformas especializadas em geoanalytics, como o GeoMesa, permitem a análise de grandes conjuntos de dados geoespaciais em tempo real. Isso é crucial em cenários como monitoramento de tráfego, onde a análise em tempo real de dados de localização é essencial.

4. Machine Learning Espacial:

- Algoritmos de machine learning adaptados para dados geoespaciais, como Support Vector Machines (SVM) e Random Forest, são aplicados para tarefas como classificação de imagens de satélite, previsão de padrões de movimentação e identificação de anomalias geoespaciais.

5. MapReduce para Consultas Espaciais:

- A abordagem MapReduce, popularizada pelo Hadoop, é aplicada para consultas espaciais em grandes conjuntos de dados. Isso permite a paralelização eficiente de operações espaciais complexas, melhorando o desempenho.

6. Spatial-Temporal Analytics:

- Em muitos casos, a dimensão temporal é crucial na análise de dados geoespaciais. Técnicas de análise espaço-temporal, como o uso de cubos OLAP espaciais-temporais, são aplicadas para entender padrões que evoluem ao longo do tempo.

7. Visualização Interativa:

- Ferramentas de visualização interativa, como Tableau e Power BI, são integradas a plataformas de Big Data para proporcionar uma representação gráfica intuitiva de dados geoespaciais. Isso facilita a interpretação rápida de padrões e tendências.

8. Análise de Redes Geoespaciais:

- Algoritmos de análise de redes, como o algoritmo de Dijkstra para roteamento, são empregados para entender a conectividade em ambientes geográficos. Essa análise é valiosa em logística, transporte e planejamento urbano.

9. Análise de Sentimento Geolocalizado:

- Em dados provenientes de redes sociais ou fontes de mídia, a análise de sentimento geolocalizado é aplicada para entender a percepção das pessoas em relação a locais específicos. Isso é útil em marketing e tomada de decisões baseada na reputação de locais.

10. Simulação Espacial:

- Algoritmos de simulação espacial são aplicados para prever o comportamento futuro de fenômenos geoespaciais complexos, como o crescimento urbano, mudanças climáticas regionais e propagação de doenças.

A análise de dados geoespaciais em ambientes de Big Data é um campo em constante evolução, impulsionado pela combinação de técnicas avançadas de análise espacial, machine learning e processamento distribuído. A capacidade de extrair insights significativos de grandes conjuntos de dados geográficos é essencial para tomadas de decisão informadas em setores como urbanismo, logística, saúde e meio ambiente.

9.5. Desafios e Oportunidades

Desafios e Oportunidades na Integração de Dados Geoespaciais com Big Data

A integração de dados geoespaciais com Big Data oferece uma série de desafios e oportunidades, refletindo a complexidade inerente à análise de grandes conjuntos de dados geográficos. Vamos explorar esses aspectos, destacando as dificuldades enfrentadas e as potenciais inovações que podem surgir.

Desafios:

1. Complexidade na Análise Espacial:
   - A complexidade dos dados geoespaciais é aumentada quando integrada a conjuntos massivos de Big Data. A análise espacial requer algoritmos avançados e técnicas especializadas para lidar com a dimensionalidade e a heterogeneidade desses dados.

2. Necessidade de Ferramentas Especializadas:

- A análise de dados geoespaciais em ambientes de Big Data exige ferramentas especializadas que possam lidar eficientemente com operações complexas e consultas espaciais em larga escala. A escassez de ferramentas genéricas pode ser um obstáculo.

3. Gerenciamento da Dimensionalidade:

- Dados geoespaciais frequentemente têm múltiplas dimensões, incluindo coordenadas espaciais e temporais. Gerenciar e analisar essa dimensionalidade de maneira eficaz é um desafio, especialmente quando combinada com grandes volumes de dados.

4. Integração de Dados de Diferentes Fontes:

- A integração de dados geoespaciais muitas vezes envolve a fusão de informações de diferentes fontes, como sensores remotos, dispositivos móveis e redes sociais. Alinhar e harmonizar esses dados pode ser complicado devido a diferentes formatos e padrões.

5. Privacidade e Segurança:

- Dados geoespaciais frequentemente contêm informações sensíveis relacionadas a locais específicos. Garantir a privacidade e a segurança desses dados, especialmente em ambientes de Big Data compartilhados, é uma preocupação crucial.

Oportunidades:

1. Descobertas em Escala:

- A integração de dados geoespaciais com Big Data oferece a oportunidade de fazer descobertas em escala, revelando padrões e correlações que não seriam perceptíveis em conjuntos de dados menores. Isso é especialmente relevante em pesquisa científica, planejamento urbano e monitoramento ambiental.

2. Inovação em Análise Espacial:

- Os desafios associados à análise espacial em larga escala impulsionam a inovação em algoritmos e técnicas de análise. Novos métodos são desenvolvidos para lidar com a complexidade dos dados, abrindo caminho para avanços significativos na compreensão de fenômenos geográficos.

3. Tomada de Decisões Informada por Localização:

- A integração eficiente de dados geoespaciais com Big Data proporciona uma base robusta para a tomada de decisões informada por localização. Isso é particularmente valioso em setores como logística, agricultura de precisão e gestão de recursos naturais.

4. Aplicações em Tempo Real:

- A capacidade de analisar dados geoespaciais em tempo real em ambientes de Big Data abre oportunidades para aplicações dinâmicas, como monitoramento de tráfego em tempo real, resposta a desastres e otimização de rotas.

5. Entendimento Holístico de Contexto:

- A integração de dados geoespaciais com Big Data permite um entendimento mais holístico do contexto espacial. Isso é fundamental para compreender as interações complexas entre variáveis geográficas e outros dados, resultando em insights mais profundos.

A integração de dados geoespaciais com Big Data é um campo desafiador, mas as oportunidades para inovação e descobertas em larga escala são significativas. Enquanto enfrentamos desafios técnicos e de gestão, as recompensas incluem uma compreensão mais profunda do mundo ao nosso redor e a capacidade de tomar decisões mais informadas e eficazes. A busca por soluções criativas e o desenvolvimento contínuo de ferramentas especializadas são essenciais para desbloquear todo o potencial dessa integração.

Capítulo 10: Aplicações e Setores de Dados Geoespaciais

10.1. Agricultura de Precisão

Agricultura de Precisão: O Papel dos Dados Geoespaciais na Otimização Agrícola

A agricultura de precisão é uma abordagem moderna que utiliza dados geoespaciais para otimizar as práticas agrícolas, proporcionando benefícios significativos em termos de eficiência, produtividade e sustentabilidade. Aqui estão algumas maneiras fundamentais pelas quais os dados geoespaciais são aplicados na agricultura de precisão:

1. Mapeamento de Solo:
   - Dados geoespaciais são empregados para mapear as características do solo, incluindo textura, nutrientes e níveis de umidade. Essas informações são cruciais para entender a variabilidade do solo em uma área agrícola, permitindo a segmentação em zonas de manejo específicas.

2. Sensoriamento Remoto:
   - Tecnologias de sensoriamento remoto, como imagens de satélite e drones, fornecem dados geoespaciais de alta resolução sobre a saúde das

plantas, padrões de crescimento e possíveis problemas. Isso permite a detecção precoce de pragas, doenças e deficiências nutricionais.

3. Monitoramento Climático:
- Dados climáticos geoespaciais, como temperatura, umidade e padrões de chuva, são fundamentais na agricultura de precisão. O monitoramento em tempo real dessas variáveis ajuda os agricultores a ajustar seus cronogramas de plantio, irrigação e colheita de acordo com as condições climáticas específicas.

4. Agricultura de Taxa Variável:
- Com base nos dados geoespaciais, os agricultores podem implementar a agricultura de taxa variável, ajustando a aplicação de insumos (como fertilizantes e agroquímicos) de acordo com as características específicas de cada parte do campo. Isso não apenas reduz custos, mas também minimiza impactos ambientais.

5. Sistemas de Posicionamento Global (GPS):
- A integração de sistemas de posicionamento global (GPS) na agricultura de precisão permite o mapeamento exato de atividades agrícolas, como plantio, pulverização e colheita. Isso contribui para o registro detalhado das operações e a criação de mapas de produtividade.

6. Automação e Robótica:

- Utilizando dados geoespaciais, sistemas autônomos e robôs agrícolas podem ser programados para realizar tarefas específicas, como semear ou colher em áreas específicas do campo. Isso não apenas aumenta a eficiência, mas também reduz a dependência da mão de obra humana.

7. Monitoramento Topográfico:

- Dados geoespaciais auxiliam no monitoramento topográfico do terreno, ajudando os agricultores a compreender a variação de elevação, drenagem e outras características importantes. Essas informações são cruciais para o planejamento de sistemas de irrigação e evitam problemas como a erosão.

Benefícios da Agricultura de Precisão com Dados Geoespaciais:

1. Otimização de Recursos:

- A agricultura de precisão permite a alocação eficiente de recursos, como água e insumos agrícolas, reduzindo o desperdício.

2. Aumento da Eficiência:

- Ao adaptar as práticas agrícolas às condições específicas de cada área, os agricultores conseguem alcançar maior eficiência na produção.

3. Redução de Custos:

- A utilização precisa de insumos resulta em uma redução significativa nos custos operacionais, melhorando a rentabilidade.

4. Minimização de Impactos Ambientais:
- A agricultura de precisão contribui para práticas agrícolas mais sustentáveis, minimizando a sobreaplicação de insumos e reduzindo impactos ambientais adversos.

5. Tomada de Decisões Informada:
- Os dados geoespaciais capacitam os agricultores a tomar decisões informadas, levando em consideração a variabilidade espacial em suas terras.

A agricultura de precisão, impulsionada por dados geoespaciais, representa uma abordagem inovadora que não apenas aumenta a eficiência agrícola, mas também promove a sustentabilidade e a resiliência no setor. Essa integração tecnológica está transformando a maneira como os agricultores gerenciam suas terras, proporcionando benefícios tanto econômicos quanto ambientais.

10.2. Gestão de Recursos Naturais

Gestão de Recursos Naturais: O Papel Fundamental dos Dados Geoespaciais

A gestão de recursos naturais é um desafio crucial, e os dados geoespaciais desempenham um papel essencial nesse processo. Essas informações oferecem uma visão abrangente dos ecossistemas, biodiversidade e recursos hídricos, permitindo a tomada de decisões mais informadas e sustentáveis. Vamos explorar como os dados geoespaciais são aplicados na gestão de recursos naturais.

1. Mapeamento de Ecossistemas:

- Dados geoespaciais são utilizados para mapear e monitorar ecossistemas, identificando áreas de florestas, pradarias, zonas úmidas e outros tipos de habitats naturais. Isso é crucial para entender a distribuição geográfica dos ecossistemas e avaliar seu estado de conservação.

2. Monitoramento da Biodiversidade:

- Informações sobre biodiversidade, incluindo a distribuição de espécies vegetais e animais, são mapeadas por meio de dados geoespaciais. Isso facilita o monitoramento de populações, identificação de áreas de alta biodiversidade e avaliação do impacto das atividades humanas sobre as espécies.

3. Conservação de Áreas Protegidas:

- Dados geoespaciais são fundamentais para a gestão de áreas protegidas, como parques nacionais e reservas naturais. O mapeamento preciso dessas áreas ajuda a monitorar atividades ilegais, planejar estratégias de conservação e avaliar o sucesso das iniciativas de preservação.

4. Uso Sustentável do Solo:
- A gestão sustentável do solo é apoiada por dados geoespaciais que fornecem informações sobre o uso atual do solo, mudanças de cobertura vegetal e processos de desertificação. Esses dados orientam práticas agrícolas sustentáveis e evitam a degradação do solo.

5. Monitoramento de Recursos Hídricos:
- Dados geoespaciais são utilizados para monitorar a distribuição e qualidade dos recursos hídricos, incluindo rios, lagos e aquíferos. Isso é crucial para a gestão sustentável da água, identificação de áreas propensas à escassez e implementação de práticas de conservação.

6. Análise de Riscos Ambientais:
- O mapeamento geoespacial é vital para a análise de riscos ambientais, como deslizamentos de terra, incêndios florestais e inundações. Essas informações ajudam na identificação de áreas vulneráveis e na implementação de medidas preventivas.

7. Planejamento do Uso do Solo:
- Dados geoespaciais são cruciais no planejamento do uso do solo, permitindo a identificação de áreas adequadas para desenvolvimento urbano, agricultura e preservação. Essa abordagem visa equilibrar as

necessidades humanas com a conservação dos ecossistemas naturais.

Benefícios da Utilização de Dados Geoespaciais na Gestão de Recursos Naturais:

1. Tomada de Decisões Informada:
   - Os dados geoespaciais fornecem uma base sólida para a tomada de decisões informada, permitindo que gestores de recursos naturais compreendam a complexidade do ambiente e suas interações.

2. Eficiência na Conservação:
   - A conservação de áreas naturais é otimizada com dados geoespaciais, permitindo a alocação eficiente de recursos para as áreas mais críticas em termos de biodiversidade e ecossistemas.

3. Resposta Rápida a Emergências Ambientais:
   - O monitoramento contínuo por meio de dados geoespaciais facilita uma resposta rápida a emergências ambientais, minimizando danos em casos de desastres naturais.

4. Engajamento Comunitário:
   - O compartilhamento de dados geoespaciais promove o engajamento comunitário, permitindo que as comunidades participem ativamente da gestão de seus recursos naturais locais.

5. Avaliação de Impacto Ambiental:

- Projetos e atividades humanas que impactam o meio ambiente podem ser avaliados com precisão por meio de dados geoespaciais, auxiliando na mitigação de impactos negativos.

A aplicação de dados geoespaciais na gestão de recursos naturais é fundamental para promover a sustentabilidade, conservação da biodiversidade e o uso eficiente dos recursos. Essa abordagem baseada em evidências contribui significativamente para o equilíbrio entre as necessidades humanas e a preservação dos ecossistemas.

10.3. Transporte e Logística

O Impacto Transformador dos Dados Geoespaciais no Setor de Transporte e Logística

O setor de transporte e logística passa por uma revolução impulsionada pelos dados geoespaciais, proporcionando uma abordagem mais inteligente e eficiente para gerenciar as operações. Essas informações, relacionadas a rotas, tráfego e localização, têm um impacto significativo em todas as etapas da cadeia logística, desde o planejamento até a entrega final. Aqui estão alguns aspectos-chave do impacto dos dados geoespaciais neste setor crucial:

1. Roteamento e Planejamento de Rotas:

- Dados geoespaciais permitem o roteamento otimizado de veículos, considerando variáveis como distância, tempo de viagem, condições de tráfego e até mesmo informações específicas do local, como restrições de altura e peso.

2. Otimização de Cadeia de Suprimentos:

- A visão detalhada dos dados geoespaciais permite a otimização da cadeia de suprimentos, desde a origem até o destino final. Isso inclui a seleção eficiente de fornecedores, centros de distribuição estrategicamente localizados e modos de transporte ideais.

3. Monitoramento de Ativos em Tempo Real:

- Sistemas de rastreamento baseados em dados geoespaciais possibilitam o monitoramento em tempo real de veículos, mercadorias e ativos ao longo de toda a cadeia logística. Isso melhora a visibilidade e a capacidade de resposta a eventos imprevistos.

4. Gestão de Frota Eficiente:

- Dados geoespaciais são fundamentais para a gestão eficiente de frotas. Permitem a programação precisa de manutenção, monitoramento do desempenho dos veículos e otimização das rotas para minimizar os custos operacionais.

5. Previsão de Demanda e Estoque:

- A análise de dados geoespaciais possibilita uma melhor compreensão da demanda em diferentes regiões, permitindo a antecipação de picos sazonais e a adequação do estoque para atender às necessidades específicas de cada local.

6. Gerenciamento de Tráfego Urbano:
   - Dados em tempo real sobre tráfego e condições de estradas são cruciais para o gerenciamento eficiente do transporte em áreas urbanas. Isso inclui a identificação de rotas alternativas em caso de congestionamentos.

7. Planejamento de Última Milha:
   - A otimização da última milha, a fase final da entrega ao cliente, é aprimorada pelos dados geoespaciais. Isso inclui a escolha de pontos de entrega estratégicos e a programação eficiente de veículos para minimizar os tempos de espera.

8. Análise de Eficiência Operacional:
   - Dados geoespaciais permitem análises abrangentes de eficiência operacional. Isso inclui a avaliação de tempos de trânsito, pontos de estrangulamento na cadeia de suprimentos e a identificação de oportunidades de melhoria.

Benefícios Tangíveis da Utilização de Dados Geoespaciais no Setor:

1. Redução de Custos Operacionais:
   - O roteamento eficiente, a gestão de frota otimizada e a previsão de demanda ajudam a reduzir os custos operacionais.

2. Aumento da Eficiência:

- O uso inteligente de dados geoespaciais resulta em operações mais eficientes, desde o armazenamento até a entrega final.

3. Melhoria na Experiência do Cliente:

- A entrega pontual, informação em tempo real e a capacidade de adaptação às preferências do cliente melhoram significativamente a experiência do cliente.

4. Sustentabilidade:

- A otimização de rotas e a gestão eficiente de ativos contribuem para práticas mais sustentáveis, reduzindo as emissões de carbono.

5. Resposta Rápida a Mudanças:

- Dados em tempo real permitem uma resposta rápida a eventos inesperados, minimizando interrupções na cadeia de suprimentos.

A incorporação de dados geoespaciais no setor de transporte e logística representa uma mudança de paradigma, impulsionando a eficiência, a sustentabilidade e a capacidade de resposta em um mercado globalizado e dinâmico. Este é um exemplo claro de como a tecnologia pode transformar fundamentalmente setores tradicionais, proporcionando benefícios tangíveis tanto para as empresas quanto para os consumidores.

10.4. Urbanismo e Planejamento Urbano

O Papel Transformador dos Dados Geoespaciais no Urbanismo e Planejamento Urbano

Os dados geoespaciais desempenham um papel fundamental no urbanismo e no planejamento urbano, fornecendo informações valiosas sobre a geografia e a dinâmica das cidades. Esses dados não apenas facilitam a compreensão do ambiente urbano, mas também desempenham um papel crucial no desenvolvimento sustentável das cidades. Aqui estão algumas maneiras pelas quais os dados geoespaciais impactam o urbanismo:

1. Mapeamento e Análise de Uso do Solo:
- Os dados geoespaciais permitem o mapeamento preciso do uso do solo urbano. Isso inclui identificar áreas residenciais, comerciais, industriais e verdes. A análise do uso do solo ajuda os urbanistas a entender as características e as necessidades específicas de cada região.

2. Planejamento de Infraestrutura:
- A localização de infraestruturas críticas, como estradas, pontes, escolas, hospitais e parques, é aprimorada pela análise de dados geoespaciais. Essas informações são essenciais para o planejamento de novas infraestruturas e para a manutenção eficiente das existentes.

3. Densidade Populacional e Demografia:

- Dados geoespaciais auxiliam no mapeamento da densidade populacional e nas características demográficas das diferentes áreas urbanas. Essas informações são cruciais para entender a distribuição da população e planejar serviços e recursos de forma equitativa.

4. Avaliação de Riscos e Resiliência Urbana:

- A identificação de áreas de risco, como zonas suscetíveis a inundações, terremotos ou outros desastres naturais, é aprimorada pela análise geoespacial. Isso contribui para o planejamento de medidas de mitigação de riscos e para o aumento da resiliência urbana.

5. Transporte e Mobilidade Urbana:

- A análise de dados geoespaciais é crucial para o planejamento de sistemas de transporte público, estratégias de estacionamento, rotas de ciclovias e caminhos pedestres. Isso contribui para uma mobilidade urbana mais eficiente e sustentável.

6. Zonas Verdes e Espaços Públicos:

- Dados geoespaciais ajudam na identificação de áreas adequadas para parques, praças e outras zonas verdes. Esses espaços são essenciais para o bem-estar da comunidade e para promover uma qualidade de vida elevada.

7. Avaliação do Impacto Ambiental:

- A análise geoespacial é usada para avaliar o impacto ambiental de projetos urbanos. Isso inclui a identificação de áreas sensíveis, a preservação de ecossistemas urbanos e a promoção de práticas de construção sustentáveis.

Benefícios Tangíveis da Utilização de Dados Geoespaciais no Urbanismo:

1. Desenvolvimento Sustentável:

- O uso eficiente de dados geoespaciais contribui para o desenvolvimento sustentável, permitindo que os planejadores urbanos considerem as necessidades presentes sem comprometer as futuras.

2. Eficiência na Tomada de Decisões:

- Os dados geoespaciais oferecem uma visão completa do ambiente urbano, permitindo que os tomadores de decisão façam escolhas informadas para otimizar o espaço e os recursos.

3. Inclusão Social:

- A análise da distribuição populacional e das necessidades específicas de cada área contribui para o planejamento inclusivo, garantindo que todos os segmentos da sociedade se beneficiem dos recursos urbanos.

4. Resiliência Urbana:

- A identificação de riscos e a implementação de medidas de resiliência baseadas em dados geoespaciais tornam as cidades mais preparadas para enfrentar desafios ambientais e sociais.

5. Melhoria na Qualidade de Vida:

- O urbanismo baseado em dados geoespaciais visa melhorar a qualidade de vida, criando ambientes urbanos mais verdes, acessíveis e adaptados às necessidades da comunidade.

Os dados geoespaciais são uma ferramenta inestimável no planejamento urbano, capacitando os urbanistas a criar cidades mais eficientes, sustentáveis e habitáveis. A integração desses dados nas decisões urbanísticas não apenas otimiza o uso do espaço, mas também contribui para o desenvolvimento de comunidades mais equitativas e resilientes.

10.5. Saúde e Monitoramento Ambiental

A Transformação da Saúde e do Monitoramento Ambiental por Meio de Dados Geoespaciais

Os dados geoespaciais desempenham um papel vital na promoção da saúde pública e no monitoramento ambiental, fornecendo insights cruciais sobre a interação complexa entre o meio ambiente e a saúde humana. Aqui está como esses dados são aplicados de maneira inovadora nesses campos:

1. Mapeamento de Padrões de Doenças:
- Dados geoespaciais são utilizados para mapear padrões de doenças, identificando áreas com maior prevalência de certas condições de saúde. Isso ajuda na alocação eficiente de recursos e no planejamento de intervenções específicas.

2. Vigilância Epidemiológica:
- A vigilância epidemiológica se beneficia enormemente dos dados geoespaciais. A identificação de surtos de doenças, o rastreamento de casos e a compreensão da propagação geográfica de doenças infecciosas são aprimorados por análises espaciais.

3. Monitoramento da Qualidade do Ar:
- Sensores geoespaciais monitoram a qualidade do ar em locais específicos, proporcionando informações sobre níveis de poluentes. Esses dados são cruciais para avaliar o impacto da poluição atmosférica na saúde respiratória e para desenvolver estratégias de mitigação.

4. Identificação de Fatores de Risco Ambientais:
- Dados geoespaciais ajudam na identificação de fatores de risco ambientais, como exposição a substâncias tóxicas ou proximidade a fontes de poluição. Isso é essencial para a prevenção de doenças relacionadas ao ambiente.

5. Planejamento de Instalações de Saúde:

- A análise geoespacial é fundamental para o planejamento estratégico de instalações de saúde. Isso inclui a identificação de áreas subatendidas, o dimensionamento adequado de hospitais e clínicas e a alocação eficiente de recursos.

6. Resposta a Desastres e Emergências de Saúde Pública:

- Em situações de desastres naturais ou emergências de saúde pública, os dados geoespaciais facilitam a resposta rápida e coordenada. Eles ajudam a identificar áreas afetadas e a distribuir recursos de maneira eficiente.

7. Monitoramento de Vetores de Doenças:

- A localização de vetores de doenças, como mosquitos transmissores de doenças tropicais, é monitorada por meio de dados geoespaciais. Isso é vital para implementar estratégias eficazes de controle de doenças.

8. Avaliação de Determinantes Sociais da Saúde:

- A análise geoespacial auxilia na avaliação dos determinantes sociais da saúde, como acesso a alimentos saudáveis, condições de moradia e níveis socioeconômicos. Esses fatores têm impacto direto na saúde da população.

Benefícios Concretos da Aplicação de Dados Geoespaciais na Saúde e Monitoramento Ambiental:

1. Intervenções Precisas:
   - O mapeamento de padrões de doenças permite intervenções mais precisas, direcionando recursos para áreas que mais necessitam.

2. Prevenção de Doenças Ambientais:
   - A identificação de fatores de risco ambientais contribui para a prevenção de doenças relacionadas ao meio ambiente.

3. Tomada de Decisões Informada:
   - Os profissionais de saúde podem tomar decisões mais informadas com base em dados geoespaciais, melhorando a eficácia das intervenções.

4. Resposta Rápida a Surto de Doenças:
   - A vigilância epidemiológica em tempo real facilita uma resposta rápida a surtos de doenças, contendo sua propagação.

5. Planejamento Estratégico de Saúde Pública:
   - A análise geoespacial contribui para o planejamento estratégico de serviços de saúde, incluindo a localização ideal de instalações médicas.

6. Monitoramento Sustentável:

- O monitoramento ambiental sustentável, incluindo a qualidade do ar, promove comunidades mais saudáveis e resilientes.

A aplicação de dados geoespaciais na saúde e no monitoramento ambiental não apenas aprimora a compreensão dos complexos vínculos entre ambiente e saúde, mas também capacita as comunidades a tomar medidas proativas para melhorar a qualidade de vida e prevenir doenças. Essa abordagem inovadora está moldando o futuro da saúde pública e do monitoramento ambiental.

Capítulo 11: Manutenção e Atualização de Dados Geoespaciais

11.1. Ciclo de Vida dos Dados Geoespaciais

Ciclo de Vida dos Dados Geoespaciais: Mantendo a Precisão ao Longo do Tempo

O ciclo de vida dos dados geoespaciais compreende várias fases, desde a coleta inicial até a eventual obsolescência dos dados. Compreender e gerenciar esse ciclo é crucial para garantir que os dados permaneçam precisos, relevantes e confiáveis ao longo do tempo. Vamos explorar as principais fases desse ciclo:

1. Coleta de Dados:
   - Descrição: A primeira fase envolve a coleta de dados geoespaciais. Isso pode incluir informações obtidas por meio de satélites, sensores terrestres, pesquisas de campo ou outras fontes.
   - Importância: A precisão e a qualidade dos dados nessa fase influenciam diretamente a confiabilidade de todas as fases subsequentes.

2. Processamento e Armazenamento:

- Descrição: Os dados coletados são processados para remover erros, padronizar formatos e, em seguida, armazenados em sistemas de banco de dados geoespaciais.

- Importância: Um processamento adequado e um armazenamento eficiente garantem que os dados estejam prontos para análise e recuperação posterior.

3. Análise e Visualização:

- Descrição: Nesta fase, os dados geoespaciais são analisados para extrair informações significativas. Isso pode envolver a criação de mapas, identificação de padrões ou análises complexas.

- Importância: A análise e visualização fornecem insights valiosos para tomada de decisões e compreensão do ambiente geográfico.

4. Compartilhamento e Distribuição:

- Descrição: Os dados analisados são compartilhados interna ou externamente, muitas vezes por meio de plataformas online, APIs ou serviços de geoprocessamento.

- Importância: O compartilhamento eficiente é vital para colaboração, pesquisa e utilização ampla dos dados.

5. Atualização e Manutenção:

- Descrição: Dados geoespaciais estão sujeitos a alterações ao longo do tempo devido a mudanças ambientais, urbanas ou outras. Atualizações regulares são necessárias para garantir a precisão contínua.

- Importância: Manter os dados atualizados é essencial para evitar a obsolescência e fornecer informações relevantes.

6. Arquivamento e Preservação:
- Descrição: Conforme os dados envelhecem ou são substituídos por informações mais recentes, eles podem ser arquivados para referência histórica. A preservação adequada garante acesso futuro.
- Importância: Alguns dados podem ter valor histórico ou serem necessários para cumprir regulamentações, justificando sua preservação.

7. Obsolescência e Descarte Ético:
- Descrição: Eventualmente, os dados podem se tornar obsoletos devido a mudanças significativas no ambiente, métodos de coleta ultrapassados ou outras razões. Nesses casos, o descarte ético é necessário.
- Importância: Evitar o uso de dados obsoletos é essencial para tomadas de decisão informadas e prevenção de erros.

Considerações Gerais:
- Padrões e Metadados:
- A aplicação de padrões e o uso adequado de metadados ao longo de todo o ciclo de vida dos dados geoespaciais contribuem para a interoperabilidade, compreensão e rastreabilidade.

- Segurança e Privacidade:

- Considerações rigorosas de segurança e privacidade devem ser aplicadas em todas as fases, garantindo a proteção dos dados sensíveis e o cumprimento de regulamentações.

- Monitoramento Contínuo:
- Um sistema de monitoramento contínuo ajuda a identificar mudanças que podem afetar a qualidade dos dados, permitindo ajustes proativos.

- Educação e Conscientização:
- A equipe envolvida na gestão de dados geoespaciais deve ser educada sobre a importância do ciclo de vida dos dados para garantir boas práticas em todas as fases.

Ao entender e seguir adequadamente o ciclo de vida dos dados geoespaciais, organizações e pesquisadores podem garantir que seus dados permaneçam relevantes, confiáveis e úteis ao longo do tempo, contribuindo para análises precisas e decisões informadas.

11.2. Coleta e Atualização de Dados

Coleta e Atualização de Dados Geoespaciais: Garantindo Precisão e Relevância

A coleta e atualização de dados geoespaciais são processos fundamentais para manter a integridade e relevância das informações sobre o mundo geográfico. Esses processos envolvem métodos diversos, desde a aquisição de novos dados até a manutenção das informações existentes. Aqui está uma explanação sobre essas fases críticas:

Coleta de Dados Geoespaciais:

1. Sensoriamento Remoto:
    - Descrição: Utilização de satélites, drones ou aeronaves equipadas com sensores para capturar informações sobre a superfície da Terra. Essa abordagem é crucial para a obtenção de imagens de alta resolução e dados sobre a cobertura terrestre.

2. Pesquisas de Campo:
    - Descrição: Deslocamento físico para locais específicos para coletar dados diretamente. Isso pode incluir medições topográficas, amostragem de solo, identificação de recursos naturais e outros dados obtidos no local.

3. Sensores Terrestres:
    - Descrição: Sensores instalados em locais estratégicos, como estações meteorológicas ou sensores urbanos, coletam dados em tempo real sobre condições específicas, como temperatura, umidade e qualidade do ar.

4. Crowdsourcing:

- Descrição: A obtenção de dados a partir de contribuições voluntárias de uma comunidade online. Aplicativos e plataformas permitem que os usuários enviem informações georreferenciadas, como fotos ou observações, enriquecendo os conjuntos de dados.

Atualização de Dados Geoespaciais:

1. Monitoramento Contínuo:

- Descrição: Utilização de sistemas de monitoramento em tempo real para capturar alterações dinâmicas no ambiente. Isso inclui mudanças urbanas, condições climáticas e outras variáveis que requerem atualizações frequentes.

2. Imagens de Satélite Periódicas:

- Descrição: A aquisição de novas imagens de satélite em intervalos regulares para identificar mudanças na cobertura terrestre, permitindo atualizações precisas de mapas e modelos.

3. Sensores IoT (Internet das Coisas):

- Descrição: A implantação de sensores conectados à internet, como sensores de tráfego, sensores ambientais e dispositivos urbanos inteligentes, que transmitem dados em tempo real, facilitando a atualização constante.

4. Integração com Fontes Dinâmicas:

- Descrição: Estabelecimento de integrações automáticas com fontes dinâmicas de dados, como bases de dados governamentais, feeds de redes sociais ou outros serviços online que forneçam informações atualizadas.

5. Feedback da Comunidade:
- Descrição: Engajamento ativo da comunidade na atualização de informações geoespaciais. Os usuários podem relatar mudanças ou correções por meio de plataformas interativas.

Tecnologias Comuns:

1. GIS (Sistemas de Informação Geográfica):
- Ferramentas de GIS são amplamente utilizadas para a manipulação, análise e visualização de dados geoespaciais, incluindo processos de atualização.

2. Machine Learning e Inteligência Artificial:
- Algoritmos de machine learning podem ser empregados para analisar grandes conjuntos de dados geoespaciais e identificar padrões, auxiliando na detecção automática de mudanças.

3. Plataformas de Sensoriamento Remoto:
- Plataformas especializadas de sensoriamento remoto oferecem recursos avançados para coleta e análise de dados provenientes de satélites, drones e outras fontes.

4. Aplicações Móveis:
- Aplicativos móveis facilitam a coleta de dados em campo e possibilitam a atualização instantânea de informações georreferenciadas.

A coleta e atualização eficientes de dados geoespaciais são essenciais para garantir que as informações utilizadas em aplicações como mapas, análises urbanas, e tomadas de decisão reflitam a realidade do ambiente geográfico. Com a evolução das tecnologias, a integração de métodos tradicionais e inovadores é essencial para manter dados precisos e atualizados.

11.3. Qualidade e Consistência dos Dados

Qualidade e Consistência dos Dados Geoespaciais: A Base da Tomada de Decisões Precisas

A qualidade e consistência dos dados geoespaciais desempenham um papel crucial na utilidade e confiabilidade dessas informações. Garantir que os dados sejam precisos, íntegros e consistentes é fundamental para a eficácia das análises, tomadas de decisões e aplicações práticas. Vamos explorar os principais conceitos relacionados a essas duas características essenciais dos dados:

Precisão:

1. Definição:
- A precisão refere-se à proximidade entre a informação representada em um dado geoespacial e a realidade no terreno.

2. Manutenção e Atualização:
- A precisão é fortemente influenciada pelos processos de coleta e atualização de dados. Informações obtidas por meio de sensoriamento remoto, pesquisas de campo e outras fontes devem ser regularmente revisadas e ajustadas para refletir mudanças no ambiente.

3. Integração de Tecnologias:
- A incorporação de tecnologias avançadas, como sistemas de posicionamento global (GPS) de alta precisão e sensoriamento remoto de alta resolução, contribui para a obtenção de dados mais precisos desde a fase inicial de coleta.

4. Validação Cruzada:
- A verificação por meio de comparações com fontes confiáveis, como mapas oficiais ou dados de referência, é uma prática importante para validar a precisão dos dados geoespaciais.

Integridade:

1. Definição:
- A integridade dos dados envolve a garantia de que as informações estejam completas, sem omissões ou corrupções.

2. Métodos de Atualização:
- Atualizações regulares e métodos eficazes de preenchimento de lacunas são cruciais para manter a integridade dos dados geoespaciais. Isso inclui a incorporação de novas informações e a correção de dados desatualizados.

3. Controle de Qualidade:
- A implementação de controles de qualidade durante os processos de coleta e atualização é essencial. Isso envolve a detecção e correção proativa de erros, inconsistências e omissões.

Coerência:

1. Definição:
- A coerência refere-se à uniformidade e consistência nos dados geoespaciais, garantindo que as informações estejam alinhadas internamente e com outras fontes.

2. Padronização de Dados:

- A adoção de padrões para representação e armazenamento de dados contribui significativamente para a coerência. Isso inclui a utilização de sistemas de coordenadas padronizados, unidades de medida consistentes, e nomenclaturas uniformes.

3. Atualização Sincronizada:

- Assegurar que todas as fontes de dados geoespaciais estejam atualizadas de maneira sincronizada é vital para evitar discrepâncias e inconsistências entre diferentes conjuntos de dados.

Garantindo Qualidade e Consistência:

1. Monitoramento Contínuo:

- A implementação de sistemas de monitoramento contínuo permite a identificação rápida de problemas de qualidade e a aplicação de correções imediatas.

2. Metadados Detalhados:

- A inclusão de metadados detalhados que descrevem a origem, método de coleta e qualquer transformação aplicada aos dados facilita a compreensão e avaliação de sua qualidade.

3. Treinamento e Conscientização:

- A capacitação da equipe envolvida na gestão dos dados geoespaciais é crucial. Um entendimento claro das práticas de manutenção e a importância da qualidade contribui para a consistência dos dados.

A qualidade e consistência dos dados geoespaciais são alicerces fundamentais para a eficácia das análises e tomadas de decisões. A implementação de práticas robustas de manutenção, atualização e controle de qualidade é essencial para garantir que esses dados continuem sendo uma fonte confiável de informações sobre o mundo geográfico.

11.4. Ferramentas de Manutenção

Ferramentas de Manutenção em Dados Geoespaciais: Garantindo a Integridade e Precisão

A manutenção eficiente de dados geoespaciais envolve o uso de ferramentas especializadas para a atualização, controle de qualidade e correção de erros nos conjuntos de dados. Diversos softwares e tecnologias foram desenvolvidos para otimizar esses processos, garantindo a integridade e precisão das informações geográficas. Abaixo, destacam-se algumas ferramentas comuns utilizadas na manutenção de dados geoespaciais:

1. GIS (Sistemas de Informação Geográfica):
   - Descrição: Ferramentas de GIS, como ArcGIS, QGIS e GRASS GIS, são essenciais na manutenção de dados geoespaciais. Elas oferecem funcionalidades avançadas para edição, atualização e controle de

qualidade dos dados. Recursos como topologia, validação de campos e ferramentas de edição simplificam o processo.

2. FME (Feature Manipulation Engine):
   - Descrição: O FME da Safe Software é uma plataforma poderosa para transformação e integração de dados geoespaciais. Ele permite a automação de fluxos de trabalho, facilitando a atualização de dados e a correção de inconsistências. Sua capacidade de suportar múltiplos formatos torna-o valioso na integração de diferentes conjuntos de dados.

3. PostgreSQL com extensão PostGIS:
   - Descrição: PostgreSQL, um sistema de gerenciamento de banco de dados relacional, quando combinado com a extensão espacial PostGIS, oferece um ambiente robusto para armazenar, gerenciar e atualizar dados geoespaciais. O PostGIS fornece funcionalidades espaciais avançadas, como indexação espacial e operações de geometria.

4. GDAL (Geospatial Data Abstraction Library):
   - Descrição: O GDAL é uma biblioteca que fornece um conjunto de ferramentas para leitura e escrita de dados geoespaciais em vários formatos. Pode ser utilizado em conjunto com outras ferramentas para conversão de formatos, projeção de dados e manipulação de raster e vetor.

5. OpenStreetMap (OSM):

- Descrição: A comunidade OpenStreetMap e suas ferramentas associadas oferecem uma plataforma colaborativa para coleta e atualização de dados geoespaciais. A edição colaborativa através do editor iD e JOSM permite que os usuários contribuam para a melhoria contínua do mapa global.

6. GeoTools:

- Descrição: GeoTools é uma biblioteca Java que fornece ferramentas para processamento e manipulação de dados geoespaciais. Ela é usada em diversas aplicações Java para realizar operações espaciais, como conversão de formato, análise espacial e edição de geometrias.

7. Quantum Spatial's SiteRecon:

- Descrição: SiteRecon é uma ferramenta especializada em avaliação e atualização de dados geoespaciais relacionados a utilidades, como redes de água e esgoto. Ela oferece recursos avançados de detecção de erros e otimização de dados em larga escala.

8. ERDAS IMAGINE:

- Descrição: ERDAS IMAGINE é uma solução abrangente para processamento de imagens e dados raster. É amplamente utilizado na manutenção de dados relacionados a sensoriamento remoto, permitindo a atualização de imagens e mosaicos com ferramentas avançadas.

9. Esri Data Reviewer:
- Descrição: Esri Data Reviewer é uma extensão do ArcGIS que oferece ferramentas especializadas para controle de qualidade e revisão de dados geoespaciais. Ele permite a definição de regras e verificações automáticas para garantir a qualidade dos dados.

Essas ferramentas desempenham papéis essenciais na manutenção de dados geoespaciais, proporcionando eficiência, precisão e controle de qualidade. A escolha da ferramenta adequada dependerá das necessidades específicas do projeto e dos tipos de dados geoespaciais envolvidos.

11.5. Boas Práticas de Atualização

Boas Práticas de Atualização em Dados Geoespaciais: Garantindo Precisão e Relevância Contínua

A manutenção eficaz de dados geoespaciais é vital para garantir a precisão, consistência e relevância contínua das informações. As boas práticas de atualização são fundamentais para enfrentar os desafios associados à dinâmica do ambiente geográfico. Abaixo estão algumas estratégias-chave para garantir a qualidade dos dados geoespaciais ao longo do tempo:

1. Estabeleça Processos de Atualização Regulares:
   - Implemente processos sistemáticos e regulares de atualização dos dados geoespaciais. Isso pode incluir revisões periódicas, atualizações automáticas de fontes externas e a integração de novos dados assim que estiverem disponíveis.

2. Envolva Stakeholders Relevantes:
   - Envolver as partes interessadas (stakeholders) é crucial. Colabore com especialistas locais, comunidades e outras entidades que possam contribuir com informações específicas da região. Isso não apenas enriquece os dados, mas também promove um ambiente de colaboração.

3. Utilize Fontes de Dados Atualizadas:
   - Certifique-se de que as fontes de dados utilizadas estejam atualizadas. Isso inclui mapas oficiais, dados de sensoriamento remoto, informações governamentais e contribuições de comunidades mapeadoras.

4. Implemente Controles de Qualidade:
   - Desenvolva e implemente controles de qualidade para verificar a integridade e precisão dos dados. Isso pode incluir verificações automáticas, revisões manuais e validações cruzadas com fontes confiáveis.

5. Adote Padrões de Qualidade e Metadados:
- Estabeleça e siga padrões de qualidade específicos para os dados geoespaciais. Isso inclui a utilização de metadados detalhados que descrevem a origem, a qualidade e a última data de atualização dos dados.

6. Faça Uso de Tecnologias de Monitoramento:
- Implemente tecnologias de monitoramento contínuo para identificar rapidamente alterações, erros ou inconsistências nos dados. Isso permite correções proativas antes que os problemas afetem negativamente a qualidade dos dados.

7. Facilite Atualizações Colaborativas:
- Promova uma abordagem colaborativa para a atualização de dados, especialmente em plataformas de mapeamento colaborativo. Permita que usuários contribuam com informações locais, relatem alterações e participem na validação dos dados.

8. Realize Treinamento e Conscientização:
- Forneça treinamento regular para a equipe responsável pela gestão dos dados. Certifique-se de que eles estejam cientes das boas práticas de atualização, das últimas tecnologias e das mudanças nas políticas ou padrões relevantes.

9. Planeje para Mudanças no Ambiente:

- Antecipe e planeje para mudanças no ambiente geográfico. Isso pode incluir eventos climáticos extremos, mudanças na infraestrutura urbana, ou qualquer outra alteração que afete a precisão dos dados.

10. Mantenha um Histórico de Atualizações:

- Mantenha um registro histórico de todas as atualizações realizadas nos dados geoespaciais. Isso é crucial para rastrear mudanças, avaliar a qualidade ao longo do tempo e atender a requisitos de auditoria.

Ao incorporar essas boas práticas, as organizações podem garantir que seus dados geoespaciais sejam confiáveis, precisos e continuamente relevantes, atendendo às necessidades de usuários e aplicações em um ambiente dinâmico.

Capítulo 12: Tendências e Futuro dos Bancos de Dados Geoespaciais

12.1. Tecnologias Emergentes

Tecnologias Emergentes em Bancos de Dados Geoespaciais: Inovações e Impactos

O campo dos bancos de dados geoespaciais está constantemente evoluindo, impulsionado por avanços tecnológicos que ampliam as capacidades de coleta, armazenamento e análise de dados geográficos. Algumas das tecnologias emergentes que estão moldando significativamente o campo incluem:

1. Blockchain para Autenticidade e Rastreabilidade:
   - Descrição: A tecnologia blockchain, conhecida por sua segurança e imutabilidade, está sendo explorada para garantir a autenticidade e rastreabilidade dos dados geoespaciais. Isso é particularmente relevante em setores como cadeias de suprimentos e gestão de ativos, onde a confiabilidade dos dados é crucial.

2. Internet das Coisas (IoT) para Captura em Tempo Real:
   - Descrição: A integração de dispositivos IoT fornece uma fonte em tempo real de dados geoespaciais. Sensores em veículos, edifícios e até mesmo em dispositivos pessoais geram dados que podem ser

integrados a bancos de dados geoespaciais, proporcionando uma visão dinâmica e atualizada do ambiente.

3. Aprendizado de Máquina e Inteligência Artificial:
   - Descrição: Técnicas de aprendizado de máquina (ML) e inteligência artificial (IA) estão sendo aplicadas na análise de dados geoespaciais para extrair padrões complexos e insights valiosos. Isso melhora a capacidade de prever mudanças, detectar anomalias e otimizar processos baseados em localização.

4. Computação em Nuvem para Escalabilidade:
   - Descrição: A computação em nuvem revolucionou a capacidade de armazenamento e processamento de dados geoespaciais. Plataformas como AWS, Azure e Google Cloud oferecem serviços específicos para dados espaciais, permitindo escalabilidade conforme a demanda e facilitando a colaboração global.

5. Realidade Aumentada (AR) e Realidade Virtual (VR):
   - Descrição: AR e VR estão sendo utilizadas para visualizar dados geoespaciais de maneira mais imersiva. Isso é especialmente valioso em planejamento urbano, design de infraestrutura e treinamento, proporcionando uma compreensão mais intuitiva do ambiente baseada em dados geoespaciais.

6. Edge Computing para Processamento em Tempo Real:

- Descrição: O Edge Computing leva o processamento de dados para mais perto da fonte de geração, reduzindo a latência. Isso é particularmente benéfico para aplicações que exigem respostas em tempo real, como navegação veicular e monitoramento ambiental.

7. Drones e Veículos Autônomos:
   - Descrição: A coleta de dados geoespaciais por meio de drones e veículos autônomos está se tornando cada vez mais comum. Essas tecnologias oferecem a capacidade de mapear áreas extensas com rapidez e precisão, sendo aplicáveis em setores como agricultura, monitoramento ambiental e infraestrutura.

8. Sistemas de Informação Geográfica (SIG) 3D:
   - Descrição: A evolução dos SIG para incluir representações tridimensionais está permitindo uma compreensão mais completa do ambiente. Isso é vital em setores como arquitetura, engenharia e planejamento urbano, onde a altura e a topografia são fatores críticos.

Essas tecnologias emergentes não apenas ampliam as capacidades dos bancos de dados geoespaciais, mas também transformam a maneira como interagimos e tiramos proveito de informações geográficas. À medida que essas inovações continuam a se desenvolver, espera-se que proporcionem soluções mais eficientes e insights mais profundos para uma variedade de aplicações.

12.2. Inteligência Artificial e Aprendizado de Máquina

Inteligência Artificial (IA) e Aprendizado de Máquina (ML) em Bancos de Dados Geoespaciais: Transformando Dados em Insights

A integração da inteligência artificial e do aprendizado de máquina em bancos de dados geoespaciais representa uma revolução na forma como interpretamos e utilizamos dados geográficos. Essas tecnologias capacitam sistemas a aprender padrões complexos, realizar análises preditivas e otimizar processos relacionados à localização. Abaixo, destacamos como a IA e o ML estão influenciando positivamente os bancos de dados geoespaciais:

1. Análise Preditiva:
- Descrição: Sistemas de IA e ML são capazes de analisar grandes conjuntos de dados geoespaciais para identificar padrões e tendências. Isso permite a criação de modelos preditivos para prever eventos futuros, como padrões climáticos, movimentação de tráfego ou alterações ambientais.

Exemplo Prático: Um sistema de análise preditiva utilizando dados geoespaciais pode prever padrões de congestionamento de tráfego em áreas urbanas com base em eventos passados, condições climáticas e eventos especiais.

2. Detecção de Anomalias:

- Descrição: Algoritmos de ML podem ser treinados para identificar anomalias nos dados geoespaciais. Isso é valioso para detectar comportamentos incomuns, como atividades suspeitas em determinadas regiões, alterações ambientais repentinas ou falhas em infraestruturas críticas.

Exemplo Prático: Um sistema de detecção de anomalias pode identificar padrões de movimentação de veículos atípicos em uma área, indicando possíveis atividades fora do comum.

3. Otimização de Rotas e Navegação:

- Descrição: Algoritmos de ML podem analisar dados geoespaciais em tempo real para otimizar rotas de navegação. Isso leva a uma navegação mais eficiente, considerando variáveis como tráfego, condições climáticas e eventos específicos.

Exemplo Prático: Um aplicativo de navegação que utiliza aprendizado de máquina pode sugerir rotas alternativas em tempo real com base em informações sobre congestionamentos e acidentes recentes.

4. Classificação de Imagens e Reconhecimento de Padrões:

- Descrição: Técnicas de visão computacional, uma subárea da IA, são empregadas para classificar e reconhecer padrões em imagens geoespaciais. Isso é valioso para identificar características geográficas, como tipos de cobertura do solo ou alterações na paisagem.

Exemplo Prático: Utilizando imagens de satélite, um sistema de IA pode classificar automaticamente áreas urbanas, florestas e corpos d'água, fornecendo informações detalhadas sobre o uso da terra.

5. Personalização de Recomendações com Base em Localização:
- Descrição: Sistemas de recomendação impulsionados por IA podem oferecer sugestões personalizadas com base na localização do usuário. Isso é aplicável em setores como comércio, turismo e entretenimento.

Exemplo Prático: Um aplicativo de recomendação pode sugerir restaurantes, lojas ou eventos culturais com base no histórico de preferências do usuário e em sua localização atual.

A aplicação da inteligência artificial e do aprendizado de máquina nos bancos de dados geoespaciais não apenas proporciona eficiência operacional, mas também abre novas possibilidades para compreender e interagir com o mundo ao nosso redor. Essas tecnologias estão impulsionando a evolução dos sistemas de informação geográfica, permitindo análises mais avançadas e insights mais precisos.

12.3. Realidade Aumentada e Realidade Virtual

Integração de Realidade Aumentada e Virtual em Bancos de Dados Geoespaciais: Uma Visão Futurista

A integração de realidade aumentada (RA) e realidade virtual (RV) com bancos de dados geoespaciais está marcando um avanço significativo na forma como interagimos e visualizamos dados geográficos. Essas tecnologias não apenas melhoram a apresentação de informações, mas também proporcionam experiências mais imersivas e interativas. Vamos explorar como RA e RV se entrelaçam com os bancos de dados geoespaciais:

1. Realidade Aumentada:
   - Descrição: A RA combina elementos virtuais com o ambiente real, proporcionando uma sobreposição de informações geoespaciais no mundo real. Dispositivos como smartphones e óculos AR possibilitam aos usuários visualizar dados contextualizados em tempo real enquanto interagem com o ambiente circundante.

Como Isso Melhora a Experiência Geoespacial:
   - A RA permite que dados geográficos, como informações sobre pontos de interesse ou camadas de mapas, sejam sobrepostos em tempo real ao ambiente físico. Por exemplo, ao apontar um smartphone para um

edifício, informações sobre sua história ou uso atual podem ser exibidas.

2. Realidade Virtual:
  - Descrição: A RV cria ambientes totalmente virtuais, imersivos e independentes do mundo real. Utilizando dispositivos como óculos VR, os usuários são transportados para ambientes simulados, proporcionando uma experiência visual e interativa rica em detalhes.

Como Isso Melhora a Experiência Geoespacial:
  - Ambientes virtuais criados por RV podem representar áreas geográficas de maneira detalhada e tridimensional. Isso é valioso para simulações urbanas, planejamento de infraestrutura e treinamento em contextos geográficos específicos.

3. Aplicações Práticas:
  - Exploração do Ambiente:
  - Utilizando RA, usuários podem explorar áreas geográficas com informações contextuais em tempo real, como detalhes históricos ou avaliações de serviços locais.

  - Planejamento Urbano:
  - A RV pode ser empregada para criar simulações interativas de projetos urbanos, permitindo que os stakeholders visualizem e avaliem propostas de maneira mais realista.

- Educação Geográfica:

- Ambas as tecnologias são valiosas para educação geográfica, proporcionando aos estudantes experiências práticas e visuais para entender conceitos complexos de geografia.

4. Desafios e Oportunidades:
- Desafios:

- Questões relacionadas à precisão na sobreposição de informações em RA.

- Necessidade de hardware especializado para experiências de RV imersivas.

- Oportunidades:

- Melhoria na compreensão e interpretação de dados geoespaciais.

- Aplicações inovadoras em setores como turismo, educação e planejamento urbano.

A integração de RA e RV com bancos de dados geoespaciais representa uma nova fronteira na visualização e interação com dados geográficos. Essas tecnologias têm o potencial de transformar a forma como percebemos e utilizamos informações espaciais, oferecendo experiências mais envolventes e alinhadas com as demandas de um mundo cada vez mais digital e interconectado.

12.4. Análise Preditiva

Análise Preditiva em Bancos de Dados Geoespaciais: Antecipando Tendências para Tomadas de Decisões Informadas

A análise preditiva, uma forma avançada de análise de dados, está sendo incorporada de maneira crescente aos bancos de dados geoespaciais, proporcionando uma visão mais profunda e proativa do comportamento geográfico. Esta abordagem utiliza algoritmos de predição para antecipar padrões e tendências em dados espaciais, oferecendo informações valiosas para diversas aplicações. Vamos explorar como a análise preditiva está transformando a gestão de dados geoespaciais:

1. Modelagem de Padrões Espaciais:
   - Descrição: Algoritmos de aprendizado de máquina são treinados com dados geoespaciais históricos para identificar padrões e relações espaciais. Esses modelos são então utilizados para prever comportamentos futuros com base em novos dados.

Exemplo Prático:
   - Modelos preditivos podem identificar padrões de movimentação populacional em áreas urbanas,

permitindo antecipar demandas por serviços públicos, transporte e planejamento urbano.

2. Previsão de Eventos Climáticos e Desastres Naturais:
- Descrição: Algoritmos analisam dados meteorológicos, geográficos e históricos para prever eventos climáticos extremos, como tempestades ou inundações, permitindo ações preventivas.

Exemplo Prático:
- A análise preditiva pode antecipar áreas propensas a deslizamentos de terra com base em dados topográficos, históricos de chuvas e condições do solo.

3. Otimização de Rotas e Tráfego:
- Descrição: Algoritmos preveem padrões de tráfego com base em dados históricos e em tempo real, otimizando rotas para reduzir congestionamentos e melhorar a eficiência do transporte.

Exemplo Prático:
- Sistemas de navegação preditiva podem sugerir rotas alternativas com base nas condições atuais e previsões de tráfego.

4. Planejamento Urbano e Demanda por Espaço:
- Descrição: Modelos preditivos auxiliam no planejamento urbano ao prever a demanda por espaço

em diferentes áreas da cidade, considerando fatores como crescimento populacional e desenvolvimento econômico.

Exemplo Prático:
- Previsões de crescimento populacional são utilizadas para planejar a expansão de infraestruturas urbanas, como escolas, parques e redes de transporte.

5. Identificação de Tendências em Dados de Negócios:
- Descrição: Empresas utilizam análise preditiva em dados geoespaciais para identificar tendências de mercado, otimizar cadeias de suprimentos e tomar decisões estratégicas.

Exemplo Prático:
- Varejistas podem prever a demanda de produtos em diferentes regiões com base em dados de vendas históricos e características demográficas.

A análise preditiva em bancos de dados geoespaciais não apenas fornece uma visão mais holística do ambiente geográfico, mas também capacita tomadores de decisão a agir proativamente. Ao antecipar tendências e eventos, as organizações podem se preparar de maneira mais eficaz, mitigar riscos e responder de forma ágil a mudanças no cenário geoespacial, resultando em decisões mais informadas e eficientes.

12.5. Desafios Futuros

Desafios Futuros nos Bancos de Dados Geoespaciais: Navegando Pelos Horizontes da Complexidade

À medida que avançamos em direção a um futuro impulsionado pela inovação tecnológica, os bancos de dados geoespaciais enfrentarão desafios significativos que demandam soluções inteligentes e adaptáveis. Vamos explorar alguns desses desafios emergentes que moldarão o cenário dos bancos de dados geoespaciais nos próximos anos:

1. Gestão de Grandes Volumes de Dados:
   - Desafio: O crescimento exponencial na geração de dados geoespaciais, provenientes de sensores remotos, dispositivos móveis e outras fontes, representa um desafio para a capacidade de armazenamento, processamento e recuperação eficiente desses dados.

   - Solução Potencial: Desenvolvimento contínuo de técnicas de armazenamento distribuído, processamento em larga escala e algoritmos de compressão de dados para lidar com grandes volumes sem comprometer a eficiência.

2. Interoperabilidade entre Diferentes Sistemas:
   - Desafio: A diversidade de sistemas de banco de dados geoespaciais e padrões de dados dificulta a interoperabilidade, prejudicando a capacidade de

compartilhamento eficiente de informações entre diferentes plataformas.

- Solução Potencial: Adoção de padrões abertos e protocolos interoperáveis, além do desenvolvimento de interfaces que permitam a comunicação sem atritos entre diferentes sistemas.

3. Considerações Éticas e Privacidade:
- Desafio: O uso intensivo de dados geoespaciais levanta preocupações éticas relacionadas à privacidade, segurança e potencial monitoramento excessivo de indivíduos.

- Solução Potencial: Implementação rigorosa de políticas de privacidade, anonimização de dados sensíveis e transparência na coleta e uso de informações geoespaciais.

4. Adaptação às Tecnologias Emergentes:
- Desafio: A rápida evolução de tecnologias como inteligência artificial, realidade aumentada e realidade virtual exige que os bancos de dados geoespaciais se adaptem para suportar essas inovações.

- Solução Potencial: Investimento contínuo em pesquisa e desenvolvimento para integrar novas tecnologias de maneira eficiente nos sistemas existentes, garantindo sua compatibilidade e sinergia.

5. Mudanças Climáticas e Resiliência Geoespacial:

- Desafio: O aumento nas mudanças climáticas requer uma abordagem geoespacial para entender e mitigar os impactos. A resiliência dos dados geoespaciais diante dessas mudanças é crucial.

- Solução Potencial: Desenvolvimento de modelos preditivos avançados para avaliar e antecipar impactos climáticos, bem como investimento em estratégias de backup e redundância para garantir a resiliência dos dados.

Enfrentar esses desafios exigirá uma colaboração estreita entre comunidades acadêmicas, setor privado e governos. A inovação contínua, combinada com uma abordagem ética e centrada no usuário, será fundamental para garantir que os bancos de dados geoespaciais continuem a desempenhar um papel vital na compreensão e gestão do nosso mundo em constante transformação.

Capítulo 13: Estudos de Caso 1

13.1. Caso 1: Implementação de um Sistema de Gerenciamento de Dados Geoespaciais em uma Prefeitura

Caso de Estudo: Implementação de um Sistema de Gerenciamento de Dados Geoespaciais em uma Prefeitura

1. Contexto:
Uma prefeitura de médio porte, enfrentando desafios crescentes em termos de urbanização, gestão de infraestrutura e prestação de serviços públicos, decidiu adotar um Sistema de Gerenciamento de Dados Geoespaciais (SGDG) para otimizar suas operações. A cidade experimentou um rápido crescimento populacional e, consequentemente, uma demanda aumentada por serviços públicos eficientes. A necessidade de tomar decisões informadas, especialmente em projetos de planejamento urbano, gestão de resíduos, e mobilidade urbana, foi identificada como uma prioridade.

2. Objetivos:
Os objetivos principais deste projeto eram:
- Centralização de Dados: Consolidar dados geoespaciais dispersos em diferentes departamentos municipais em um sistema centralizado, eliminando silos de informações.
- Melhoria na Tomada de Decisões: Capacitar a prefeitura com ferramentas que possibilitassem a

análise espacial para uma tomada de decisões mais informada em questões urbanas.

- Eficiência Operacional: Aumentar a eficiência operacional em áreas como gestão de resíduos, planejamento urbano e manutenção de infraestrutura.

- Serviços Públicos Aprimorados: Aprimorar a prestação de serviços públicos, incluindo a otimização de rotas para a coleta de resíduos, planejamento de transporte público e resposta a emergências.

3. Implementação:

A implementação do SGDG foi realizada em várias etapas:

- Avaliação de Necessidades: Realizar uma análise detalhada das necessidades específicas de cada departamento, identificando os conjuntos de dados geoespaciais relevantes para suas operações.

- Desenvolvimento da Infraestrutura: Implementar a infraestrutura do SGDG, incluindo a escolha e configuração de um banco de dados espacial, a definição de padrões de dados e a integração com sistemas existentes.

- Aquisição de Dados: Coletar dados geoespaciais de fontes diversas, como sensores urbanos, levantamentos topográficos e informações de serviços públicos.

- Integração com Sistemas Existentes: Garantir a integração suave do SGDG com os sistemas de informação existentes na prefeitura para evitar interrupções operacionais.

- Treinamento e Capacitação: Proporcionar treinamento para funcionários municipais sobre o uso do SGDG, garantindo que a equipe seja capaz de explorar efetivamente as funcionalidades do sistema.

4. Benefícios Esperados:
- Tomada de Decisões Informada: O SGDG possibilitou à prefeitura tomar decisões mais informadas ao fornecer uma visão espacial abrangente das operações urbanas.
- Eficiência Operacional Aprimorada: A otimização de rotas para serviços como coleta de resíduos levou a uma redução nos custos operacionais e a uma utilização mais eficiente dos recursos municipais.
- Gestão de Infraestrutura: A capacidade de monitorar e gerenciar a infraestrutura urbana, como estradas e redes de água, foi aprimorada, permitindo a implementação de ações proativas de manutenção.
- Serviços Públicos Melhorados: A população experimentou melhorias tangíveis na qualidade dos serviços públicos, como uma coleta de resíduos mais eficiente e uma melhor gestão do tráfego.

Este caso de estudo destaca como a implementação de um SGDG pode ser um catalisador para a transformação positiva em uma prefeitura, capacitando-a a enfrentar os desafios urbanos de forma mais eficaz, eficiente e sustentável.

13.2. Desafios e Soluções

Desafios e Soluções na Implementação do Sistema de Gerenciamento de Dados Geoespaciais na Prefeitura

A implementação de um Sistema de Gerenciamento de Dados Geoespaciais (SGDG) em uma prefeitura apresenta desafios específicos que requerem abordagens cuidadosas e soluções inovadoras. Durante o processo de implementação na prefeitura em questão, foram identificados alguns desafios cruciais, e estratégias específicas foram adotadas para superá-los:

1. Diversidade de Fontes de Dados:
Desafio: Integrar dados provenientes de diversas fontes, como sensores urbanos, levantamentos topográficos e sistemas existentes da prefeitura, mostrou-se complexo devido à heterogeneidade dessas fontes.
Solução: Implementação de ferramentas robustas de integração de dados que pudessem lidar com diferentes formatos e padrões. Adoção de protocolos de normalização para garantir a consistência dos dados.

2. Resistência à Mudança:
Desafio: A introdução de um SGDG representou uma mudança significativa nas práticas de trabalho tradicionais, encontrando resistência por parte de alguns funcionários.
Solução: Desenvolvimento de programas de treinamento personalizados para os diversos departamentos, enfatizando os benefícios práticos do

SGDG. A inclusão da equipe desde as fases iniciais do projeto também ajudou a aliviar a resistência.

3. Integração com Sistemas Existentes:
Desafio: Garantir a integração suave com sistemas de informação já existentes na prefeitura, evitando interrupções operacionais.
Solução: Desenvolvimento de interfaces de integração personalizadas, utilizando padrões de interoperabilidade reconhecidos. A implementação foi realizada em fases, permitindo testes contínuos e ajustes conforme necessário.

4. Coleta e Atualização Contínua de Dados:
Desafio: Manter dados geoespaciais atualizados em um ambiente dinâmico, onde mudanças urbanas e eventos imprevistos são frequentes.
Solução: Implementação de um sistema automatizado de coleta de dados em tempo real, integrando sensores e fontes dinâmicas. Estabelecimento de protocolos de atualização regulares para garantir a precisão contínua.

5. Garantia da Segurança dos Dados:
Desafio: Proteger dados geoespaciais sensíveis contra ameaças cibernéticas e garantir conformidade com regulamentações de privacidade.
Solução: Implementação de protocolos avançados de segurança cibernética, incluindo criptografia robusta e controle de acesso granular. Auditorias regulares foram conduzidas para garantir a conformidade com padrões de segurança.

6. Adaptação a Mudanças Urbanas:

Desafio: A rápida evolução da paisagem urbana exigiu uma adaptação constante do SGDG para refletir as mudanças.

Solução: Implementação de um sistema flexível que pudesse ser facilmente atualizado para incorporar mudanças na infraestrutura urbana. Monitoramento contínuo da paisagem urbana por meio de sensores e atualizações regulares do banco de dados.

Esses desafios e soluções durante a implementação do SGDG na prefeitura destacam a importância de uma abordagem flexível, envolvimento proativo das partes interessadas e a aplicação de tecnologias avançadas para garantir o sucesso contínuo do sistema. O aprendizado contínuo e a adaptação são fundamentais em um ambiente urbano dinâmico.

13.3. Resultados Obtidos

Resultados Obtidos com a Implementação do Sistema de Gerenciamento de Dados Geoespaciais

A implementação bem-sucedida do Sistema de Gerenciamento de Dados Geoespaciais (SGDG) na prefeitura resultou em uma série de benefícios tangíveis, transformando fundamentalmente a maneira como a administração lida com dados geoespaciais. Os resultados obtidos incluem:

1. Melhoria na Eficiência Operacional:

Antes da implementação do SGDG, os processos relacionados à gestão de dados geoespaciais eram muitas vezes morosos e propensos a erros devido à diversidade de fontes e sistemas. Com a introdução do SGDG, houve uma notável melhoria na eficiência operacional. A automação de tarefas rotineiras, a padronização dos dados e a integração suave entre diferentes sistemas proporcionaram ganhos significativos em termos de tempo e recursos.

2. Tomada de Decisões Mais Informada:

O acesso fácil e rápido a dados geoespaciais precisos tornou-se uma realidade após a implementação do SGDG. Os tomadores de decisão agora contam com informações atualizadas e visualizações claras da paisagem urbana, possibilitando uma análise mais aprofundada e fundamentada. Isso resultou em decisões mais informadas em várias áreas, desde o planejamento urbano até a gestão de emergências.

3. Otimização de Recursos e Planejamento Estratégico:

A capacidade de visualizar e analisar dados geoespaciais em tempo real permitiu à prefeitura otimizar recursos de forma mais eficiente. Por exemplo, no planejamento de rotas de coleta de resíduos, a otimização baseada em dados geoespaciais levou a uma redução nos custos operacionais e no tempo gasto. Além disso, o SGDG facilitou o desenvolvimento de estratégias de longo prazo para o crescimento urbano sustentável.

4. Resposta Mais Eficaz a Situações de Emergência:

A capacidade de mapear rapidamente áreas afetadas por eventos como enchentes, incêndios ou outros desastres naturais se mostrou crucial. O SGDG permitiu uma resposta mais eficaz a situações de emergência, facilitando a evacuação coordenada, a alocação de recursos de socorro e a mitigação de danos.

5. Colaboração Aprimorada entre Departamentos:

A integração do SGDG com diferentes departamentos da prefeitura promoveu uma colaboração mais estreita e uma compreensão compartilhada dos dados geoespaciais. Isso reduziu silos de informações e promoveu uma abordagem mais holística para o planejamento e a execução de projetos urbanos.

6. Redução de Custos a Longo Prazo:

Embora o investimento inicial na implementação do SGDG seja significativo, os resultados obtidos mostram uma redução substancial de custos a longo prazo. A eficiência operacional, a otimização de recursos e a tomada de decisões informada contribuíram para economias consideráveis em vários aspectos da administração urbana.

Esses resultados demonstram o impacto positivo que um Sistema de Gerenciamento de Dados Geoespaciais pode ter na administração pública, destacando seu papel crucial na transformação digital das cidades para uma gestão mais eficiente e sustentável.

13.4. Lições Aprendidas

Lições Aprendidas na Implementação do Sistema de Gerenciamento de Dados Geoespaciais (SGDG)

A implementação do SGDG proporcionou uma série de lições valiosas que abrangeram tanto aspectos técnicos quanto organizacionais. Estas lições oferecem insights valiosos para orientar futuras implementações semelhantes:

1. Envolvimento e Compreensão dos Stakeholders:
Um dos fatores críticos para o sucesso foi o envolvimento efetivo e a compreensão dos stakeholders. Incluir representantes de todos os departamentos envolvidos desde as fases iniciais permitiu uma compreensão mais aprofundada das

necessidades específicas de cada setor, resultando em uma solução mais adaptada às demandas reais da prefeitura.

2. Padronização de Dados é Fundamental:

A padronização de dados revelou-se essencial para garantir a consistência e a interoperabilidade entre diferentes sistemas. Definir padrões claros para a coleta, armazenamento e formatação de dados geoespaciais simplificou a integração de fontes heterogêneas e facilitou a utilização desses dados por vários departamentos.

3. Treinamento Contínuo é Necessário:

A complexidade do SGDG exigiu um esforço significativo de treinamento para os funcionários. A implementação de programas de treinamento contínuo, que abordaram tanto os aspectos técnicos quanto os processos operacionais, foi crucial para garantir que a equipe estivesse capacitada e confortável com a nova ferramenta.

4. Adaptação a Mudanças Organizacionais:

A introdução de um SGDG muitas vezes implica em mudanças organizacionais. A resistência à mudança pode ser superada por meio de uma comunicação eficaz, envolvimento dos colaboradores desde o início e demonstração contínua dos benefícios que a nova solução traz para as operações diárias.

5. Segurança de Dados é Prioridade:

A segurança dos dados geoespaciais foi uma prioridade desde o início. Implementar políticas robustas de segurança, incluindo controle de acesso, auditoria e criptografia, foi essencial para proteger informações sensíveis e garantir conformidade com regulamentações de privacidade.

6. Escalabilidade é Importante para o Futuro:

Ao projetar o SGDG, a consideração da escalabilidade foi fundamental. O sistema deve ser capaz de lidar com um aumento substancial de dados e demandas à medida que a cidade cresce. Escolher tecnologias e arquiteturas que possam ser facilmente escaladas garante que o sistema continue a atender às necessidades futuras.

7. Monitoramento Contínuo e Feedback:

A implementação do SGDG não terminou com o lançamento inicial; foi um processo contínuo de monitoramento e ajustes. Coletar feedback constante dos usuários, monitorar o desempenho do sistema e estar pronto para ajustar conforme necessário foram práticas essenciais para garantir a eficácia contínua.

8. Parcerias Estratégicas com Fornecedores:

Desenvolver parcerias estratégicas com fornecedores de tecnologia é crucial. Manter um diálogo constante com os fornecedores, garantindo atualizações regulares e suporte técnico contínuo, é vital para enfrentar desafios imprevistos e aproveitar as inovações tecnológicas.

Essas lições aprendidas fornecem uma base sólida para futuras implementações de SGDG, destacando a importância da colaboração, flexibilidade e uma abordagem orientada para o usuário em todo o processo.

13.5. Recomendações

Recomendações para Implementação de Sistemas de Gerenciamento de Dados Geoespaciais (SGDG)

Com base no estudo de caso da implementação bem-sucedida do SGDG em uma prefeitura, as seguintes recomendações são oferecidas para organizações que estão considerando ou planejando implementar um Sistema de Gerenciamento de Dados Geoespaciais:

1. Envolvimento Proativo dos Stakeholders:
Garanta a participação proativa de representantes de todos os setores envolvidos desde o início do processo. O envolvimento contínuo dos stakeholders ajuda a compreender as necessidades específicas de cada departamento, garantindo uma solução mais alinhada com as demandas reais da organização.

2. Desenvolvimento de Padrões de Dados:

Estabeleça padrões claros para a coleta, armazenamento e formatação de dados geoespaciais. Isso facilita a interoperabilidade entre diferentes sistemas e simplifica a integração de fontes heterogêneas, garantindo a consistência dos dados.

3. Investimento em Treinamento Contínuo:

Reconheça a importância do treinamento contínuo para a equipe. Proporcione programas de capacitação abrangentes que abordem tanto os aspectos técnicos quanto os processos operacionais do SGDG. Isso é fundamental para garantir que a equipe esteja capacitada e confortável com a nova ferramenta.

4. Adaptação a Mudanças Organizacionais:

Antecipe e gerencie as mudanças organizacionais que podem ser desencadeadas pela implementação do SGDG. A resistência à mudança pode ser mitigada por meio de comunicação eficaz, envolvimento dos colaboradores e demonstração contínua dos benefícios tangíveis da nova solução.

5. Ênfase na Segurança de Dados:

Priorize a segurança dos dados geoespaciais desde o início. Implemente políticas robustas de segurança, incluindo controle de acesso, auditoria e criptografia, para proteger informações sensíveis e garantir conformidade com regulamentações de privacidade.

6. Planejamento para Escalabilidade:

Considere a escalabilidade como um elemento-chave do planejamento. Escolha tecnologias e arquiteturas que possam ser facilmente escaladas para lidar com um aumento substancial de dados e demandas à medida que a organização cresce.

7. Monitoramento Contínuo e Feedback:

Veja a implementação do SGDG como um processo contínuo. Colete feedback constante dos usuários, monitore o desempenho do sistema e esteja pronto para ajustar conforme necessário. A adaptação contínua é essencial para garantir a eficácia ao longo do tempo.

8. Estabelecimento de Parcerias Estratégicas:

Desenvolva parcerias estratégicas com fornecedores de tecnologia. Manter um diálogo constante com os fornecedores, garantir atualizações regulares e suporte técnico contínuo são fundamentais para enfrentar desafios imprevistos e aproveitar inovações tecnológicas.

Ao seguir essas recomendações, as organizações estarão mais bem preparadas para implementar SGDG de forma eficaz, aproveitando ao

máximo os benefícios que a gestão eficiente de dados
geoespaciais pode oferecer.

Capítulo 14: Estudos de Caso 2

14.1. Caso 2: Aplicação de Dados Geoespaciais em Agricultura de Precisão

Estudo de Caso: Aplicação de Dados Geoespaciais em Agricultura de Precisão

A aplicação de dados geoespaciais em agricultura de precisão é exemplificada por um projeto inovador implementado em uma fazenda de grande escala. A fazenda, especializada em cultivo de grãos, enfrentava desafios relacionados à otimização do uso de recursos, aumento da eficiência operacional e redução do impacto ambiental. Diante desses desafios, a fazenda decidiu adotar uma abordagem baseada em dados geoespaciais para melhorar suas práticas agrícolas.

Os principais objetivos do projeto eram:

1. Otimização do Uso de Insumos: Utilizar dados geoespaciais para mapear variabilidades no solo, permitindo a aplicação personalizada de fertilizantes, pesticidas e irrigação.

2. Monitoramento do Crescimento das Culturas: Implementar sistemas de monitoramento contínuo por meio de sensores e imagens de satélite para avaliar o crescimento das culturas e identificar áreas que necessitam de intervenção específica.

3. Redução do Desperdício de Recursos: Minimizar o desperdício de recursos, como água e insumos, através da aplicação precisa e direcionada, resultando em benefícios econômicos e ambientais.

4. Aumento da Produtividade: Utilizar dados geoespaciais para tomar decisões informadas que levariam a um aumento geral na produtividade da fazenda.

Integração da Tecnologia Geoespacial:
A tecnologia geoespacial foi integrada de várias maneiras cruciais:

1. Sensoriamento Remoto: Utilização de imagens de satélite e drones para obter dados sobre a saúde das plantas, cobertura do solo e variabilidade do terreno.

2. Coleta de Dados no Campo: Uso de dispositivos de coleta de dados geoespaciais no campo, como receptores GNSS em maquinário agrícola, para registrar informações em tempo real sobre variabilidades no solo.

3. Sistemas de Informação Geográfica (SIG): Implementação de SIG para análise espacial de dados, permitindo a criação de mapas de variabilidade do solo, padrões de crescimento das culturas e zonas de intervenção.

4. Algoritmos de Processamento de Dados: Desenvolvimento e implementação de algoritmos de processamento de dados para transformar os dados brutos em informações acionáveis, como mapas de aplicação de insumos.

Resultados Obtidos:
A aplicação de dados geoespaciais na agricultura de precisão resultou em diversos benefícios significativos:

1. Eficiência no Uso de Recursos: A aplicação personalizada de insumos levou a uma redução substancial no uso de fertilizantes e pesticidas, resultando em economias financeiras e menor impacto ambiental.

2. Aumento da Produtividade: O monitoramento contínuo permitiu ajustes em tempo real, resultando em uma melhoria na produtividade das culturas.

3. Tomada de Decisões Informada: Os agricultores passaram a tomar decisões mais informadas, baseadas em dados precisos sobre o estado do solo e das culturas.

4. Sustentabilidade Ambiental: A redução no uso de insumos e a prática direcionada contribuíram para práticas agrícolas mais sustentáveis.

Lições Aprendidas:

Durante o curso do projeto, algumas lições valiosas foram aprendidas:

1. Necessidade de Capacitação: A equipe agrícola precisou de treinamento significativo para compreender e aproveitar ao máximo as ferramentas geoespaciais.

2. Integração de Dados: A integração eficaz de diferentes fontes de dados, como dados de satélite e dados coletados no campo, foi crucial para obter uma visão holística.

3. Manutenção e Atualização Contínua: A tecnologia geoespacial requer manutenção contínua e atualização para garantir precisão e relevância contínuas.

Baseado nesse estudo de caso, futuras implementações de agricultura de precisão com dados geoespaciais podem se beneficiar incorporando:

1. Tecnologias Emergentes: Explorar novas tecnologias, como inteligência artificial, para análise avançada de dados geoespaciais.

2. Colaboração com Especialistas: Parcerias com especialistas em geoespacialidade podem aprimorar ainda mais a eficácia da aplicação de dados na agricultura.

3. Escalabilidade: Planejar para a escalabilidade, especialmente em fazendas que planejam expandir suas operações.

A aplicação de dados geoespaciais na agricultura de precisão é um exemplo convincente de como a tecnologia pode transformar setores tradicionais, trazendo eficiência, sustentabilidade e tomada de decisões informada.

14.2. Descrição do Projeto

Descrição do Projeto: Aplicação de Dados Geoespaciais na Agricultura de Precisão

O projeto em questão foi desenvolvido em uma fazenda de médio porte que buscava otimizar suas práticas agrícolas por meio da aplicação de dados geoespaciais. A fazenda enfrentava desafios relacionados à variabilidade do solo, eficiência no uso de insumos e desejava aumentar a produtividade de suas culturas. Diante desses desafios, a decisão foi tomada para implementar um sistema de agricultura de precisão baseado em informações geoespaciais.

Coleta de Dados:

A coleta de dados foi uma fase crucial do projeto. Diferentes fontes foram utilizadas, incluindo:

1. Imagens de Satélite e Drones: Para obter uma visão detalhada da topografia, saúde das plantas e outras características físicas do campo.

2. Sensores no Campo: Dispositivos de coleta de dados geoespaciais, como receptores GNSS em maquinário agrícola, foram usados para registrar informações em tempo real durante as operações no campo.

3. Dados Históricos da Fazenda: Informações históricas da fazenda, como registros de safras anteriores e padrões de crescimento, foram integradas para análise comparativa.

Ferramentas Utilizadas:

O projeto utilizou uma variedade de ferramentas especializadas para lidar com dados geoespaciais:

1. Sistemas de Informação Geográfica (SIG): Ferramentas de SIG foram empregadas para analisar e visualizar dados espaciais, criando mapas detalhados da variabilidade do solo.

2. Algoritmos de Processamento de Imagem: Algoritmos foram desenvolvidos para processar imagens de satélite e drones, extrair informações relevantes sobre a saúde das plantas e identificar áreas de interesse.

3. Plataformas de Sensoriamento Remoto: Plataformas que permitiam a integração fácil de dados provenientes de diferentes fontes, facilitando uma análise mais abrangente.

Aplicação das Informações Geoespaciais:
As informações geoespaciais foram aplicadas em várias áreas da agricultura de precisão:

1. Mapeamento da Variabilidade do Solo: Utilizando dados de sensores e imagens de satélite, a fazenda foi capaz de mapear a variabilidade do solo, identificando áreas com diferentes características.

2. Aplicação Personalizada de Insumos: Com base nos mapas de variabilidade do solo, foi implementada a aplicação personalizada de insumos, como fertilizantes e irrigação, otimizando o uso desses recursos.

3. Monitoramento do Crescimento das Culturas: O monitoramento contínuo por meio de sensores permitiu identificar padrões de crescimento das culturas, possibilitando intervenções específicas quando necessário.

Os resultados do projeto foram significativos, com benefícios tangíveis, como:

1. Redução de Custos: A aplicação personalizada de insumos resultou em uma redução substancial nos custos operacionais.

2. Aumento da Produtividade: O monitoramento contínuo e a aplicação direcionada contribuíram para um aumento na produtividade das culturas.

3. Sustentabilidade: A otimização no uso de recursos teve impactos positivos na sustentabilidade ambiental da fazenda.

Lições Aprendidas e Recomendações:

O projeto destacou a importância da integração eficiente de dados geoespaciais e a necessidade de treinamento para a equipe envolvida. Recomendações incluem a contínua atualização de dados, exploração de tecnologias emergentes e colaboração com especialistas em geoespacialidade para aprimorar ainda mais os resultados.

14.3. Benefícios da Tecnologia Geoespacial

Benefícios da Tecnologia Geoespacial no Projeto de Agricultura de Precisão:

A aplicação da tecnologia geoespacial nesse projeto específico de agricultura de precisão proporcionou uma série de benefícios substanciais, impactando positivamente os processos e resultados. Esses benefícios abrangem diversas áreas, desde a otimização do uso de insumos até o aumento da eficiência operacional e aprimoramento da qualidade dos produtos agrícolas.

1. Precisão na Aplicação de Insumos:

A utilização de dados geoespaciais permitiu a criação de mapas detalhados da variabilidade do solo, identificando áreas com características distintas. Essa precisão na compreensão da variabilidade do solo resultou em uma aplicação personalizada de insumos, como fertilizantes e irrigação. A distribuição direcionada desses insumos conforme as necessidades específicas de cada área contribuiu para uma utilização mais eficiente, reduzindo custos e minimizando desperdícios.

2. Otimização do Uso de Recursos:

A coleta contínua de dados geoespaciais, incluindo informações sobre o crescimento das culturas e a variabilidade do solo, possibilitou a otimização do uso de recursos. Isso incluiu a gestão eficaz da irrigação, garantindo que a água fosse aplicada somente onde necessário, e a adaptação dinâmica da aplicação de fertilizantes de acordo com as condições específicas do solo em diferentes partes do campo. A otimização resultante levou a uma redução significativa no desperdício de recursos, promovendo a sustentabilidade e a responsabilidade ambiental.

3. Aumento da Produtividade e Qualidade dos Produtos Agrícolas:

A aplicação precisa de insumos, combinada com o monitoramento contínuo do crescimento das culturas, contribuiu para um aumento substancial na produtividade agrícola. Além disso, a qualidade dos produtos agrícolas foi aprimorada, uma vez que as intervenções foram realizadas de forma específica e personalizada. Isso resultou em colheitas mais saudáveis e consistentes, atendendo a padrões mais elevados de qualidade.

4. Tomada de Decisões Informada:

A capacidade de analisar dados geoespaciais em tempo real proporcionou à equipe da fazenda uma base sólida para a tomada de decisões informada. A análise de mapas de variabilidade do solo, imagens de satélite e dados de sensores permitiu que os agricultores identificassem padrões, antecipassem problemas potenciais e ajustassem suas estratégias conforme necessário.

5. Eficiência Operacional Aprimorada:

A implementação da tecnologia geoespacial resultou em uma melhoria geral na eficiência operacional da fazenda. Os processos agrícolas foram otimizados, desde a preparação do solo até a colheita, com a aplicação de insumos e a gestão de recursos sendo conduzidas de maneira mais inteligente e direcionada.

A tecnologia geoespacial desempenhou um papel fundamental na transformação das práticas agrícolas, proporcionando benefícios significativos em termos de eficiência operacional, otimização de recursos e qualidade dos produtos agrícolas. Esses benefícios não apenas impactaram positivamente os resultados econômicos da fazenda, mas também contribuíram para uma abordagem mais sustentável e responsável na gestão agrícola.

14.4. Impacto na Agricultura

Impacto Direto da Tecnologia Geoespacial na Agricultura:

A introdução e aplicação da tecnologia geoespacial na agricultura tiveram um impacto profundo e positivo em vários aspectos da prática agrícola. Essa revolução tecnológica trouxe benefícios significativos que vão desde uma tomada de decisões mais precisa até a otimização eficiente dos recursos e uma melhoria geral no desempenho da produção agrícola.

1. Tomada de Decisões Precisas:
A tecnologia geoespacial fornece aos agricultores uma visão detalhada e em tempo real das condições do campo. A análise de dados geoespaciais, como mapas de variabilidade do solo, imagens de satélite e dados climáticos específicos da localização, capacita os agricultores a tomarem decisões mais precisas. Isso inclui a seleção de culturas adequadas para áreas específicas do campo, a programação precisa de irrigação e a aplicação personalizada de

insumos agrícolas. A tomada de decisões informada contribui significativamente para o sucesso da safra.

2. Gestão Eficiente de Recursos:

Com dados geoespaciais, os agricultores podem gerenciar seus recursos de maneira mais eficiente. A irrigação pode ser ajustada conforme as necessidades específicas de cada área do campo, minimizando o desperdício de água. A aplicação de fertilizantes e pesticidas pode ser adaptada com base nas características do solo, resultando em um uso mais eficiente desses insumos. A gestão eficiente de recursos não apenas reduz custos, mas também promove práticas agrícolas sustentáveis.

3. Otimização do Plantio e Colheita:

Os dados geoespaciais são cruciais para otimizar o plantio e a colheita. Os agricultores podem planejar a distribuição de culturas de acordo com as condições específicas de cada parte do campo, levando em consideração fatores como a qualidade do solo e a exposição solar. Isso não apenas aumenta a eficiência da colheita, mas também contribui para uma distribuição mais uniforme e eficaz das plantações.

4. Monitoramento do Crescimento das Culturas:

A tecnologia geoespacial permite o monitoramento contínuo do crescimento das culturas. Imagens de satélite e drones podem capturar dados visuais detalhados, enquanto sensores no campo fornecem informações em tempo real sobre o estado das plantas. Esse monitoramento preciso possibilita a detecção precoce de problemas, como pragas ou doenças, permitindo ações corretivas rápidas e eficazes.

5. Precisão na Previsão de Riscos e Variabilidades Climáticas:

A análise de dados geoespaciais também contribui para uma melhor compreensão e previsão de riscos climáticos e variabilidades. Isso permite que os agricultores se preparem para eventos climáticos extremos, ajustem suas práticas agrícolas conforme necessário e minimizem os impactos adversos sobre as colheitas.

O impacto direto da tecnologia geoespacial na agricultura é substancial. Ao capacitar os agricultores com informações detalhadas sobre o ambiente de cultivo, essa tecnologia está redefinindo a forma como as decisões são tomadas, os recursos são gerenciados e a produção agrícola é otimizada, contribuindo para uma agricultura mais sustentável e eficiente.

14.5. Próximos Passos

Próximos Passos na Aplicação de Dados Geoespaciais em Agricultura de Precisão:

O projeto de aplicação de dados geoespaciais na agricultura de precisão demonstrou claramente os benefícios e as oportunidades proporcionados por essa abordagem inovadora. Para avançar ainda mais e maximizar os resultados, os próximos passos devem focar em otimizações, expansões e integrações estratégicas. Aqui estão algumas considerações para os próximos passos do projeto:

1. Integração de Novas Fontes de Dados:
Explorar e integrar novas fontes de dados geoespaciais pode enriquecer ainda mais a análise e as decisões agrícolas. Isso pode incluir a utilização de sensores avançados, dados meteorológicos mais detalhados, imagens de satélite de alta resolução e informações climáticas específicas da região. A diversificação das fontes de dados pode proporcionar uma compreensão mais abrangente das condições do campo.

2. Implementação de Tecnologias Emergentes:
Considerar a implementação de tecnologias emergentes, como inteligência artificial (IA) e aprendizado de máquina (ML), pode levar a uma análise mais avançada e preditiva. Algoritmos de ML podem ser treinados para reconhecer padrões complexos nos dados geoespaciais, oferecendo insights valiosos para a tomada de decisões agrícolas.

3. Desenvolvimento de Interfaces Usuário-Amigáveis:

Investir no desenvolvimento de interfaces de usuário mais intuitivas e acessíveis pode facilitar a adoção contínua da tecnologia pelos agricultores. Isso inclui a criação de painéis de controle fáceis de usar, aplicativos móveis amigáveis e relatórios personalizados que permitam aos usuários acessar e interpretar os dados geoespaciais de maneira eficaz.

4. Monitoramento Remoto e Automação:

Explorar soluções de monitoramento remoto e automação pode aumentar a eficiência operacional. O uso de drones para monitoramento regular do campo, sistemas automatizados de irrigação baseados em dados geoespaciais e a implementação de práticas agrícolas autônomas são áreas que podem ser exploradas para otimizar ainda mais os processos.

5. Colaboração e Compartilhamento de Dados:

Promover a colaboração e o compartilhamento de dados entre agricultores, pesquisadores e partes interessadas pode criar uma rede robusta de informações. Isso pode resultar em insights coletivos mais amplos, melhores práticas agrícolas compartilhadas e uma comunidade mais resiliente.

6. Avaliação de Impacto Ambiental:

Considerar a implementação de ferramentas que permitam a avaliação do impacto ambiental das práticas agrícolas. Isso pode envolver a análise do uso sustentável da água, a minimização do uso de produtos químicos e a promoção da biodiversidade nas áreas de cultivo.

7. Educação e Treinamento Contínuos:

Investir em programas educacionais contínuos e treinamento para os usuários finais é crucial. Isso garantirá que os agricultores estejam atualizados sobre as mais recentes tecnologias e possam maximizar os benefícios dos dados geoespaciais em suas operações diárias.

Ao adotar uma abordagem estratégica para a evolução do projeto, considerando a integração de novas tecnologias, a expansão da fonte de dados e o foco na usabilidade, é possível garantir que a aplicação de dados geoespaciais na agricultura de precisão continue a evoluir de maneira significativa, proporcionando benefícios duradouros para os agricultores e o setor como um todo.

Capítulo 15: Estudos de Caso 3

15.1. Caso 3: Utilização de Dados Geoespaciais em Gestão de Recursos Naturais

Descrição do Projeto: Utilização de Dados Geoespaciais em Gestão de Recursos Naturais

O projeto de utilização de dados geoespaciais em gestão de recursos naturais foi iniciado em resposta à crescente necessidade de abordagens sustentáveis na administração de ecossistemas e na preservação da biodiversidade. O contexto envolveu uma região geográfica rica em recursos naturais, mas também sujeita a desafios ambientais e mudanças climáticas.

Os objetivos principais do projeto incluíram a implementação de práticas eficazes de gestão de recursos naturais, a monitorização de ecossistemas, a avaliação de impactos ambientais e a promoção de decisões baseadas em dados para a sustentabilidade a longo prazo. A utilização de dados geoespaciais foi crucial para atingir esses objetivos, proporcionando uma compreensão detalhada da distribuição geográfica de recursos naturais, ecossistemas e ameaças ambientais.

Aplicação de Dados Geoespaciais:
1. Mapeamento de Ecossistemas: Utilizando dados geoespaciais de satélites e sensoriamento remoto, foi possível mapear com precisão os diferentes

ecossistemas na região, incluindo florestas, áreas úmidas, e zonas costeiras. Isso permitiu uma compreensão detalhada da distribuição da biodiversidade.

2. Monitoramento de Mudanças Climáticas: Dados geoespaciais foram empregados para monitorar mudanças climáticas, incluindo variações na cobertura de neve, padrões de chuva e temperatura. Essas informações foram cruciais para avaliar os impactos das mudanças climáticas nos ecossistemas locais.

3. Gestão de Recursos Hídricos: A utilização de dados geoespaciais facilitou a gestão eficiente dos recursos hídricos. Isso incluiu o monitoramento de níveis de água em rios e lagos, identificação de áreas propensas a secas e otimização do uso da água para atividades agrícolas.

4. Avaliação de Riscos Ambientais: A análise geoespacial foi aplicada para identificar áreas de risco ambiental, como deslizamentos de terra, inundações e incêndios florestais. Isso permitiu a implementação de estratégias preventivas e a resposta rápida a eventos climáticos extremos.

5. Planejamento de Conservação: Dados geoespaciais foram fundamentais no desenvolvimento de planos de conservação, identificando áreas prioritárias para a proteção da biodiversidade, criação de reservas

naturais e promoção de práticas de uso sustentável da terra.

Os resultados do projeto foram significativos. A aplicação de dados geoespaciais proporcionou uma visão holística dos recursos naturais da região, possibilitando uma gestão mais informada e eficiente. Os benefícios incluíram:

- Tomada de Decisões Informada: Autoridades e gestores foram capacitados a tomar decisões informadas com base em dados geoespaciais precisos e em tempo real.

- Sustentabilidade Ambiental: As práticas de gestão orientadas por dados contribuíram para a promoção da sustentabilidade ambiental, garantindo a preservação de ecossistemas vitais.

- Resposta a Emergências: O monitoramento contínuo permitiu uma resposta rápida a eventos climáticos extremos e desastres naturais, minimizando danos e protegendo comunidades locais.

- Eficiência na Alocação de Recursos: A alocação de recursos para conservação e gestão de ecossistemas foi otimizada com base nas necessidades identificadas pelos dados geoespaciais.

Lições Aprendidas:

O projeto destacou a importância de uma abordagem integrada, envolvendo múltiplas partes interessadas, incluindo comunidades locais, cientistas, e autoridades governamentais. Além disso, enfatizou a necessidade de investir em capacitação para garantir que as partes interessadas possam aproveitar plenamente os benefícios dos dados geoespaciais.

Próximos Passos:

Os próximos passos incluem a expansão do projeto para abranger áreas adicionais, a incorporação de tecnologias emergentes

15.2. Contexto do Projeto

Contexto do Projeto: Gestão de Recursos Naturais com Dados Geoespaciais

O projeto de gestão de recursos naturais foi concebido em resposta à necessidade crítica de preservar e gerenciar os recursos naturais em uma região geográfica específica. A área de foco abrange uma extensão diversificada, incluindo ecossistemas terrestres, áreas aquáticas e zonas costeiras. Essa região, rica em biodiversidade e recursos naturais, enfrenta desafios ambientais que exigem uma abordagem cuidadosa para garantir a sustentabilidade a longo prazo.

Área Geográfica Abrangida:

O projeto concentra-se em uma área geográfica específica, abrangendo vastas extensões de terras, corpos d'água e ecossistemas costeiros. A delimitação da área leva em consideração não apenas as fronteiras políticas, mas também as características naturais e a interconexão dos ecossistemas presentes na região.

Tipos de Recursos Naturais Gerenciados:

Os recursos naturais gerenciados abrangem uma variedade de elementos, incluindo florestas, áreas úmidas, corpos d'água, biodiversidade e áreas costeiras. Cada um desses recursos desempenha um papel crucial na manutenção do equilíbrio ecológico, sustentando a vida selvagem, oferecendo serviços ecossistêmicos e, em muitos casos, sustentando comunidades humanas locais.

Integração de Dados Geoespaciais:

A integração de dados geoespaciais é a espinha dorsal do projeto. Utilizando tecnologias avançadas de sensoriamento remoto, sistemas de posicionamento global (GPS) e modelagem geoespacial, o projeto mapeou detalhadamente a distribuição dos recursos naturais na área. Imagens de satélite foram empregadas para monitorar alterações na cobertura vegetal, identificar padrões climáticos e avaliar a dinâmica da topografia.

Além disso, a utilização de dados geoespaciais permitiu o desenvolvimento de mapas detalhados de ecossistemas, identificando áreas de biodiversidade significativa e locais vulneráveis a ameaças ambientais. Esses dados são cruciais para a formulação de estratégias de gestão que visam a conservação, o uso sustentável e a restauração de ecossistemas.

A modelagem geoespacial também desempenhou um papel vital na análise de riscos, avaliando áreas propensas a eventos naturais adversos, como inundações, incêndios florestais e erosão costeira. Isso proporcionou uma base sólida para o desenvolvimento de estratégias de mitigação e resposta a emergências.

A integração de dados geoespaciais não apenas oferece uma compreensão aprofundada da geografia da região, mas também capacita tomadores de decisão, gestores ambientais e comunidades locais com informações precisas para orientar a gestão sustentável dos recursos naturais.

15.3. Resultados Ambientais

Resultados Ambientais: Contribuições da Gestão Baseada em Dados Geoespaciais

A implementação de uma abordagem de gestão baseada em dados geoespaciais revelou uma série de resultados ambientais significativos, proporcionando benefícios tangíveis para a preservação, monitoramento e melhoria dos recursos naturais na região.

1. Preservação da Biodiversidade:
A análise detalhada da biodiversidade por meio de dados geoespaciais permitiu a identificação de áreas críticas para a preservação da fauna e flora locais. Essas informações orientaram a criação de áreas de conservação, contribuindo para a manutenção dos ecossistemas e a proteção de espécies ameaçadas.

2. Monitoramento de Ecossistemas:
A capacidade de monitorar ecossistemas em tempo real, utilizando dados geoespaciais, proporcionou uma visão abrangente das mudanças ambientais. Isso incluiu a detecção precoce de alterações na cobertura vegetal, a identificação de padrões climáticos e a avaliação da saúde geral dos ecossistemas, permitindo a resposta rápida a eventos adversos.

3. Uso Sustentável dos Recursos Hídricos:
A gestão eficiente dos recursos hídricos foi otimizada com a análise geoespacial dos corpos d'água. Isso envolveu a identificação de áreas críticas de recarga de aquíferos, mapeamento de bacias hidrográficas e avaliação da qualidade da água. Essas informações respaldaram políticas para garantir o uso sustentável dos recursos hídricos na região.

4. Resposta a Desastres Naturais:

A capacidade de prever, mapear e avaliar áreas de risco utilizando dados geoespaciais foi crucial para a resposta a desastres naturais. Isso incluiu a identificação de áreas vulneráveis a inundações, deslizamentos de terra e incêndios florestais, permitindo a implementação de medidas preventivas e a mobilização eficiente em casos de emergência.

5. Zonamento Ecológico-Econômico:

A implementação de zonamento ecológico-econômico, baseado em dados geoespaciais, facilitou o planejamento territorial sustentável. Essa abordagem considerou a distribuição de recursos naturais, as limitações ambientais e as potenciais atividades econômicas, visando o equilíbrio entre conservação e desenvolvimento.

6. Participação Comunitária:

A transparência proporcionada pela gestão baseada em dados geoespaciais também promoveu a participação comunitária. Comunidades locais foram capacitadas com informações acessíveis e compreensíveis sobre o ambiente ao seu redor, incentivando práticas sustentáveis e a proteção de recursos naturais compartilhados.

Os resultados ambientais derivados da integração de dados geoespaciais demonstram que essa abordagem não apenas fortalece a gestão ambiental, mas também promove a sustentabilidade, a resiliência e a harmonia entre comunidades humanas e ecossistemas naturais.

15.4. Sustentabilidade e Conservação

Sustentabilidade e Conservação: O Papel dos Dados Geoespaciais no Projeto de Gestão de Recursos Naturais

A aplicação de dados geoespaciais nesse projeto específico está intrinsecamente alinhada com os princípios de sustentabilidade e conservação, desempenhando um papel fundamental na preservação a longo prazo dos recursos naturais. A gestão baseada em informações geográficas proporciona uma abordagem holística, integrando dados espaciais para informar decisões estratégicas e práticas de conservação. Aqui estão alguns aspectos-chave dessa aliança:

1. Identificação de Áreas Críticas:
A análise de dados geoespaciais permite a identificação precisa de áreas críticas para a biodiversidade e ecossistemas. Essas áreas, muitas vezes sensíveis a perturbações humanas, são mapeadas e destacadas, orientando a implementação de medidas de proteção e minimizando impactos negativos.

2. Monitoramento Ativo:

Dados geoespaciais possibilitam o monitoramento ativo e contínuo das mudanças ambientais. Isso inclui a detecção de desmatamento, alterações climáticas e outras ameaças à integridade dos recursos naturais. O monitoramento em tempo real é crucial para respostas rápidas e a implementação eficaz de estratégias de conservação.

3. Uso Sustentável de Recursos Hídricos:

A gestão sustentável dos recursos hídricos é promovida através da análise de dados geoespaciais. Mapeamento de bacias hidrográficas, identificação de áreas críticas e avaliação da qualidade da água são elementos essenciais. Essa abordagem contribui para garantir um equilíbrio entre a demanda humana e a manutenção dos ecossistemas aquáticos.

4. Planejamento Territorial Sustentável:

A implementação de zonamento ecológico-econômico, baseado em dados geoespaciais, é um componente crucial para o planejamento territorial sustentável. Isso assegura que as atividades econômicas sejam compatíveis com a conservação ambiental, evitando conflitos e garantindo o uso sustentável da terra.

5. Resposta a Desastres Naturais:

A aplicação de dados geoespaciais na análise de riscos e resposta a desastres naturais é vital para a sustentabilidade. A identificação de áreas vulneráveis, rotas de evacuação e a alocação eficiente de recursos em situações de emergência contribuem para a resiliência das comunidades e ecossistemas locais.

6. Engajamento Comunitário:
A transparência e a acessibilidade proporcionadas pelos dados geoespaciais promovem o engajamento comunitário. Comunidades locais são capacitadas com informações sobre a importância dos recursos naturais, incentivando práticas de uso sustentável e a proteção ativa do ambiente.

Ao alinhar a gestão de recursos naturais com princípios de sustentabilidade e conservação, a aplicação de dados geoespaciais nesse projeto não apenas otimiza a eficácia das práticas de conservação, mas também estabelece bases sólidas para a preservação a longo prazo dos valiosos recursos naturais da região.

15.5. Desafios na Gestão de Recursos Naturais

Desafios na Gestão de Recursos Naturais e o Papel dos Dados Geoespaciais

A gestão de recursos naturais enfrenta uma série de desafios complexos, que vão desde a degradação ambiental até conflitos por uso da terra. A aplicação de dados geoespaciais desempenha um papel crucial na superação desses desafios, proporcionando uma visão detalhada e baseada em localização. Aqui estão alguns dos desafios comuns enfrentados na gestão de recursos naturais e como os dados geoespaciais têm contribuído para enfrentá-los:

1. Degradação Ambiental:
Desafio: A degradação ambiental, incluindo desmatamento e erosão do solo, ameaça a saúde dos ecossistemas.
Contribuição dos Dados Geoespaciais: A análise de imagens de satélite fornece uma visão contínua e detalhada das mudanças no uso da terra. Isso ajuda na identificação de áreas críticas e na implementação de estratégias de conservação.

2. Conflitos por Uso da Terra:
Desafio: Conflitos entre diferentes partes interessadas pelo uso da terra podem resultar em exploração insustentável.
Contribuição dos Dados Geoespaciais: A delimitação clara das fronteiras, apoiada por dados geoespaciais, ajuda a evitar disputas territoriais. Zonamento ecológico-econômico baseado em localização contribui para um planejamento territorial mais eficaz.

3. Uso Sustentável de Recursos Hídricos:
Desafio: O uso insustentável de recursos hídricos pode levar à escassez e à degradação da qualidade da água.
Contribuição dos Dados Geoespaciais: A análise de bacias hidrográficas e a monitorização da qualidade da água, utilizando dados geoespaciais, apoiam a gestão sustentável dos recursos hídricos. Isso ajuda a otimizar o uso da água e proteger ecossistemas aquáticos.

4. Riscos de Desastres Naturais:
Desafio: Áreas propensas a desastres naturais exigem uma resposta eficaz para minimizar danos.
Contribuição dos Dados Geoespaciais: Mapas de risco baseados em dados geoespaciais possibilitam a identificação de áreas vulneráveis. Isso facilita o planejamento de evacuação e a alocação de recursos em situações de emergência.

5. Engajamento Comunitário:
Desafio: O envolvimento das comunidades locais é fundamental para práticas sustentáveis.
Contribuição dos Dados Geoespaciais: Mapas interativos e visualizações baseadas em localização ajudam a comunicar efetivamente a importância dos recursos naturais. O envolvimento da comunidade é fortalecido quando as informações são apresentadas de maneira acessível.

Ao enfrentar esses desafios, a aplicação inteligente de dados geoespaciais não apenas fornece uma compreensão mais profunda dos sistemas naturais, mas também capacita os gestores a tomar decisões informadas e sustentáveis. A abordagem baseada em localização contribui para uma gestão mais eficaz e equitativa dos recursos naturais na área em questão.

Capítulo 16: Estudos de Caso 4

16.1. Caso 4: Aplicação de Dados Geoespaciais em Logística e Transporte

Caso 4: Aplicação de Dados Geoespaciais em Logística e Transporte

Contexto do Projeto:

A empresa XYZ, especializada em logística e transporte, buscou aprimorar suas operações por meio da aplicação estratégica de dados geoespaciais. Enfrentando desafios como otimização de rotas, monitoramento em tempo real e eficiência operacional, a empresa decidiu integrar tecnologias geoespaciais para enfrentar essas questões.

Objetivos:

1. Otimização de Rotas: Utilizar dados geoespaciais para identificar as rotas mais eficientes, considerando fatores como tráfego, condições da estrada e distâncias.

2. Monitoramento em Tempo Real: Implementar um sistema de monitoramento em tempo real para acompanhar a localização e o status dos veículos em trânsito.

3. Redução de Custos: Identificar oportunidades para reduzir custos operacionais, minimizando distâncias percorridas, tempo de viagem e consumo de combustível.

Integração de Dados Geoespaciais:
- Mapas Interativos: Implementação de mapas interativos que permitiram visualizar a localização exata de veículos, depósitos e destinos em tempo real.

- Análise de Rotas: Utilização de algoritmos de otimização de rotas com base em dados geoespaciais para calcular os trajetos mais eficientes.

- Alertas de Tráfego: Integração de dados de tráfego em tempo real para ajustar rotas e evitar congestionamentos.

Resultados:
1. Eficiência Operacional Aumentada: A otimização de rotas levou a uma redução significativa nos tempos de viagem e no consumo de combustível, resultando em uma operação mais eficiente.

2. Maior Visibilidade: O monitoramento em tempo real proporcionou maior visibilidade sobre a localização e o status de cada veículo, permitindo respostas rápidas a eventos inesperados.

3. Redução de Custos: A implementação de rotas otimizadas e a capacidade de monitoramento resultaram em uma redução global nos custos operacionais.

Próximos Passos:

1. Integração com Sistemas de Pedido: Explorar a integração de dados geoespaciais com sistemas de pedidos para melhorar a previsão de demanda e a eficiência no atendimento.

2. Sustentabilidade: Investigar maneiras de utilizar dados geoespaciais para otimizar rotas com foco na redução da pegada de carbono.

Este estudo de caso destaca como a aplicação estratégica de dados geoespaciais pode transformar as operações logísticas, resultando em eficiência operacional aprimorada e impactos positivos nos custos.

16.2. Descrição do Caso

Caso 4: Aplicação de Dados Geoespaciais em Logística e Transporte

Descrição do Caso:

A empresa ABC, uma líder no setor de varejo, enfrentava desafios significativos em sua cadeia de suprimentos, especialmente no que diz respeito à logística e transporte. Com uma vasta rede de fornecedores, depósitos e lojas, a empresa buscava aprimorar a eficiência operacional e reduzir custos em suas operações logísticas. Diante desses desafios, optou-se por implementar uma solução baseada em dados geoespaciais para otimizar o transporte e melhorar a gestão da cadeia de suprimentos.

Desafios Logísticos:
1. Rotas Ineficientes: As rotas utilizadas para o transporte de mercadorias muitas vezes não eram as mais eficientes, resultando em maiores tempos de entrega e custos adicionais.

2. Gestão de Frota: A empresa enfrentava dificuldades na gestão de sua frota de veículos, incluindo a falta de visibilidade em tempo real sobre a localização e o status dos veículos.

3. Otimização de Estoque: A gestão do estoque nos depósitos e a sincronização com as demandas das lojas precisavam ser aprimoradas para evitar excessos ou faltas de produtos.

Implementação de Dados Geoespaciais:
- Análise de Rotas: Utilização de algoritmos de otimização de rotas baseados em dados geoespaciais para calcular as rotas mais eficientes, considerando variáveis como tráfego, distância e condições da estrada.

- Monitoramento em Tempo Real: Implementação de um sistema de monitoramento em tempo real que permitia rastrear a localização exata dos veículos e receber atualizações sobre seu status.

- Integração com Sistemas de Estoque: Integração de dados geoespaciais com sistemas de estoque para melhorar a sincronização entre os depósitos e as demandas das lojas.

Resultados Obtidos:

1. Redução nos Custos de Transporte: A otimização de rotas resultou em uma redução significativa nos custos de transporte, minimizando o tempo de trânsito e o consumo de combustível.

2. Maior Eficiência na Gestão de Frota: O monitoramento em tempo real proporcionou maior visibilidade sobre a localização e o desempenho dos veículos, permitindo uma gestão mais eficiente da frota.

3. Otimização do Estoque: A integração de dados geoespaciais com sistemas de estoque permitiu uma melhor sincronização entre a oferta e a demanda, evitando excessos e faltas de produtos.

Este caso destaca como a aplicação inteligente de dados geoespaciais na logística pode superar desafios operacionais, melhorar a eficiência e resultar em benefícios tangíveis para a cadeia de suprimentos de uma empresa.

16.3. Eficiência Operacional

Eficiência Operacional com Aplicação de Dados Geoespaciais na Logística e Transporte

A eficiência operacional é um componente vital para o sucesso de qualquer empresa, especialmente na gestão logística e de transporte. No caso da empresa ABC, a aplicação de dados geoespaciais desempenhou um papel fundamental na transformação e aprimoramento da eficiência operacional em diversos aspectos.

1. Otimização de Rotas:
    - Redução de Custos: A análise de dados geoespaciais permitiu a otimização de rotas de transporte, levando em consideração fatores dinâmicos como tráfego, condições das estradas e localização precisa de destinos. Isso resultou em redução significativa nos custos operacionais associados ao transporte.

2. Monitoramento em Tempo Real:
    - Visibilidade Aprimorada: A implementação de sistemas de monitoramento em tempo real, baseados em dados geoespaciais, proporcionou uma visibilidade sem precedentes sobre a localização e o status dos veículos. Essa visibilidade aprimorada permitiu a tomada de decisões mais ágeis e eficientes.

3. Gestão de Frota:

- Eficiência na Alocação: A gestão baseada em informações geográficas facilitou a alocação eficiente de veículos para atender às demandas específicas de rotas, clientes e volumes de carga. Isso resultou em uma utilização mais eficaz da frota disponível.

4. Otimização do Estoque:

- Sincronização com a Demanda: A integração de dados geoespaciais com os sistemas de estoque permitiu uma sincronização mais precisa entre os depósitos e as demandas das lojas. Isso evitou excessos de estoque e garantiu que os produtos estivessem disponíveis quando e onde eram necessários.

5. Tomada de Decisões Baseada em Localização:

- Decisões Informadas: A capacidade de visualizar dados em um contexto geográfico proporcionou uma base robusta para tomada de decisões. Isso incluiu a escolha de rotas mais eficientes, alocação estratégica de recursos e a otimização de processos logísticos.

Resultado Geral:

A eficiência operacional alcançada por meio da aplicação inteligente de dados geoespaciais teve impactos tangíveis na redução de custos, aumento da agilidade nas operações e uma gestão mais estratégica e eficiente da cadeia de suprimentos. A empresa experimentou melhorias significativas em sua capacidade de resposta aos desafios operacionais, culminando em um ambiente logístico mais ágil e adaptável.

16.4. Redução de Custos

Redução de Custos na Logística e Transporte Através de Dados Geoespaciais

A integração de dados geoespaciais no setor logístico e de transporte teve um impacto significativo na redução de custos, proporcionando eficiências operacionais que se traduziram em benefícios econômicos tangíveis. Abaixo estão alguns aspectos-chave que contribuíram para essa redução de custos:

1. Otimização de Rotas:
   - Eficiência no Deslocamento: A análise de dados geoespaciais permitiu a identificação das rotas mais eficientes em termos de distância, tempo de viagem e condições de tráfego. Isso resultou em economia direta nos custos de combustível e manutenção dos veículos.

2. Prevenção de Atrasos:
   - Antecipação a Condições Adversas: Dados geoespaciais em tempo real possibilitaram a identificação proativa de condições adversas, como congestionamentos ou obras na estrada. Essa

capacidade de antecipação permitiu rotas alternativas e evitou atrasos, otimizando a eficiência operacional.

3. Redução de Desperdícios:
- Gestão Eficiente de Estoque: A utilização de dados geoespaciais na gestão de estoques garantiu uma distribuição mais precisa dos produtos. Isso reduziu a necessidade de armazenamento excessivo, minimizando desperdícios associados ao excesso de inventário e melhorando a eficiência na movimentação de mercadorias.

4. Alocação Estratégica de Recursos:
- Otimização da Frota: Com dados geoespaciais, a alocação de veículos pode ser otimizada com base na demanda, evitando que veículos percorram longas distâncias sem carga. Isso reduziu custos operacionais e melhorou a eficiência no uso da frota.

5. Manutenção Preditiva:
- Redução de Custos de Manutenção: A análise preditiva baseada em dados geoespaciais permitiu a implementação de manutenção preventiva, identificando padrões de desgaste em determinadas rotas. Isso resultou na redução de custos associados a reparos emergenciais e prolongou a vida útil dos veículos.

Impacto Econômico:
A redução de custos derivada da aplicação de dados geoespaciais não apenas melhorou a rentabilidade, mas também contribuiu para uma gestão

financeira mais sólida. A eficiência operacional alcançada proporcionou uma vantagem competitiva, permitindo que a empresa oferecesse serviços mais eficazes e econômicos em um mercado cada vez mais desafiador.

16.5. Inovações no Setor de Transporte

Inovações Impulsionadas por Dados Geoespaciais no Setor de Transporte

A aplicação de dados geoespaciais tem sido um catalisador fundamental para diversas inovações no setor de transporte, transformando a maneira como as empresas operam e oferecem serviços. Abaixo estão algumas das inovações mais significativas:

1. Automação de Frotas:
   - Rastreamento em Tempo Real: A automação de frotas, impulsionada por dados geoespaciais, permite o rastreamento em tempo real de veículos. Isso não apenas melhora a visibilidade da frota, mas também possibilita o monitoramento da eficiência de cada veículo, a prevenção de atrasos e a otimização das rotas.

   - Gestão de Manutenção Preditiva: Dados geoespaciais são utilizados para análise preditiva, identificando padrões de desgaste em componentes veiculares. Isso possibilita a realização de manutenção preventiva, reduzindo custos e aumentando a disponibilidade da frota.

2. Soluções de Roteamento Inteligente:
- Otimização Dinâmica de Rotas: Algoritmos avançados baseados em dados geoespaciais permitem a otimização dinâmica de rotas. Isso leva a uma distribuição mais eficiente de mercadorias, economizando tempo e reduzindo custos operacionais.

- Considerações em Tempo Real: A capacidade de integrar dados em tempo real sobre condições de tráfego, clima e eventos inesperados permite adaptações rápidas nas rotas, melhorando a eficácia e reduzindo a probabilidade de atrasos.

3. Logística Reversa Eficiente:
- Rastreamento de Retornos: A aplicação de dados geoespaciais na logística reversa permite rastrear devoluções e resíduos. Isso não apenas simplifica o processo de retorno, mas também facilita a gestão sustentável de resíduos.

4. Gestão de Entregas "Last Mile":
- Roteamento Preciso para Entregas Residenciais: Dados geoespaciais são fundamentais na gestão eficiente da entrega "last mile". Tecnologias avançadas consideram características específicas dos locais de entrega, proporcionando maior precisão e eficiência nesse processo crítico.

5. Inteligência de Mercado e Tomada de Decisões:

- Análise de Dados de Localização: Empresas no setor de transporte usam dados geoespaciais para análise de mercado e tomada de decisões estratégicas. Isso inclui a identificação de novas rotas rentáveis, a abertura de novos centros de distribuição e a adaptação às demandas do mercado.

Essas inovações, impulsionadas por dados geoespaciais, estão transformando a indústria de transporte, tornando-a mais ágil, eficiente e sustentável. A contínua evolução nessa área promete não apenas melhorias operacionais, mas também uma mudança significativa na forma como concebemos e experimentamos o transporte moderno.

Capítulo 17: Estudos de Caso 5

17.1. Caso 5: Uso de Dados Geoespaciais em Planejamento Urbano

Descrição do Projeto: Uso de Dados Geoespaciais em Planejamento Urbano

O projeto em questão concentra-se no uso estratégico de dados geoespaciais para informar e aprimorar o planejamento urbano em uma cidade em crescimento. O contexto envolve desafios típicos de áreas urbanas, como a necessidade de expansão sustentável, alocação eficiente de recursos e garantia de uma qualidade de vida ideal para os residentes.

Objetivos:
1. Mapeamento de Uso do Solo: Utilizar dados geoespaciais para realizar uma análise abrangente do uso atual do solo na cidade, identificando áreas residenciais, comerciais, industriais e verdes.

2. Análise de Densidade Populacional: Aplicar dados geoespaciais para analisar padrões de densidade populacional. Isso inclui a identificação de áreas densamente povoadas, bem como locais que podem se beneficiar de um aumento na infraestrutura urbana.

3. Planejamento de Infraestrutura: Utilizar informações geográficas para planejar e otimizar a infraestrutura

urbana, incluindo redes viárias, transporte público, redes de água e esgoto, e áreas de lazer.

4. Gestão de Riscos Ambientais: Incorporar dados geoespaciais para mapear riscos ambientais, como inundações ou deslizamentos de terra, e integrar essas informações no planejamento urbano para garantir a segurança da população.

5. Desenvolvimento Sustentável: Aplicar dados geoespaciais para avaliar o potencial de desenvolvimento sustentável, incluindo a identificação de áreas adequadas para projetos de energia renovável, parques e espaços verdes.

Implementação:
- Coleta de Dados: Dados geoespaciais são coletados de várias fontes, incluindo sensoriamento remoto, sistemas de informações geográficas (SIG) e levantamentos no local.

- Análise e Modelagem: As ferramentas de SIG são empregadas para analisar os dados, criar modelos tridimensionais do ambiente urbano e realizar simulações para diferentes cenários de desenvolvimento.

- Tomada de Decisões Baseada em Localização: Autoridades de planejamento urbano utilizam as informações geográficas para tomar decisões informadas, considerando aspectos como acessibilidade, sustentabilidade e qualidade de vida.

Resultados:

1. Desenvolvimento Ordenado: O planejamento urbano informado por dados geoespaciais resultou em um desenvolvimento mais ordenado e eficiente, evitando problemas comuns, como congestionamento e falta de infraestrutura.

2. Aumento da Qualidade de Vida: A alocação eficiente de espaços verdes, a melhoria na infraestrutura e a consideração de fatores ambientais contribuíram para um aumento significativo na qualidade de vida dos residentes.

3. Resiliência a Riscos: A gestão de riscos baseada em dados geoespaciais ajudou a cidade a se tornar mais resiliente a desastres naturais, minimizando impactos e protegendo a população.

Próximos Passos:

O projeto estabelece uma base sólida para futuras iniciativas, incluindo a contínua atualização de dados geoespaciais, a implementação de tecnologias emergentes e a adaptação flexível às mudanças nas necessidades da cidade em constante evolução. O sucesso desse caso destaca o papel crítico dos dados geoespaciais no planejamento urbano moderno.

17.2. Experiência Municipal

Experiência Municipal com Dados Geoespaciais no Planejamento Urbano

A experiência municipal descrita neste caso destaca a transformação significativa alcançada pela administração local ao incorporar dados geoespaciais em seus processos de planejamento urbano. Ao integrar tecnologias de informação geográfica (SIG) e análises baseadas em localização, a administração foi capaz de tomar decisões mais informadas e estratégicas para moldar o crescimento e desenvolvimento da cidade.

Coleta e Utilização de Dados:
A administração municipal iniciou a jornada pela coleta abrangente de dados geoespaciais, reunindo informações sobre o uso atual do solo, densidade populacional, infraestrutura existente e riscos ambientais. Esses dados foram obtidos de várias fontes, incluindo imagens de satélite, levantamentos topográficos e levantamentos diretos.

Análise e Modelagem:
Com a implementação de sistemas de informações geográficas avançados, a administração realizou análises detalhadas e modelagem tridimensional do ambiente urbano. Ferramentas de SIG permitiram a criação de cenários virtuais, possibilitando

visualizar o impacto potencial de diferentes estratégias de desenvolvimento.

Tomada de Decisões Informada:
A principal mudança observada foi na tomada de decisões. Os decisores municipais passaram a basear suas escolhas em dados concretos, considerando fatores como acessibilidade, sustentabilidade e resiliência a desastres naturais. O uso estratégico de informações geográficas permitiu uma compreensão mais profunda das dinâmicas urbanas, orientando políticas de desenvolvimento a longo prazo.

Resultados Tangíveis:
1. Desenvolvimento Sustentável: A cidade experimentou um desenvolvimento mais sustentável, com a identificação e promoção de áreas adequadas para projetos verdes e energias renováveis.

2. Infraestrutura Otimizada: A alocação eficiente de recursos melhorou a infraestrutura, incluindo transporte público, redes viárias e serviços essenciais, resultando em uma cidade mais eficiente e conectada.

3. Resposta a Riscos Aprimorada: A gestão de riscos baseada em dados geoespaciais melhorou a resposta da cidade a desastres naturais, reduzindo danos e protegendo a população.

Engajamento Comunitário:

A administração municipal também utilizou dados geoespaciais para promover o engajamento comunitário. Mapas interativos e visualizações foram compartilhados com os cidadãos, permitindo que eles compreendessem as decisões de planejamento urbano e participassem ativamente do processo.

Lições Aprendidas:

A experiência destacou a importância da colaboração entre setores, a necessidade contínua de atualização de dados e a flexibilidade para adaptar estratégias conforme as mudanças no ambiente urbano.

A experiência municipal revela como a integração de dados geoespaciais pode ser uma ferramenta transformadora no planejamento urbano, criando cidades mais resilientes, sustentáveis e adaptadas ao futuro.

17.3. Transformação Urbana

Transformação Urbana Através do Uso de Dados Geoespaciais

No caso apresentado, a transformação urbana impulsionada pelo uso de dados geoespaciais foi uma jornada marcante que impactou diversas áreas da gestão urbana, promovendo mudanças significativas e orientadas por informações concretas. Vamos explorar como o emprego estratégico desses dados contribuiu para a transformação em áreas-chave:

1. Desenvolvimento de Infraestrutura:
O uso de dados geoespaciais catalisou o desenvolvimento de infraestrutura de forma mais precisa e eficiente. A administração municipal, munida de informações detalhadas sobre o ambiente urbano, pôde identificar áreas críticas que exigiam melhorias na infraestrutura, como redes de água, esgoto, eletricidade e telecomunicações. A capacidade de visualizar as camadas de infraestrutura existente e planejada em um contexto geoespacial permitiu decisões mais inteligentes e melhor coordenação entre diferentes projetos.

2. Zoneamento Urbano Estratégico:
O zoneamento urbano, vital para direcionar o crescimento e garantir um desenvolvimento equilibrado, foi revolucionado. Utilizando dados geoespaciais, a administração pôde realizar análises detalhadas de cada região da cidade. Isso incluiu a identificação de áreas adequadas para uso residencial, comercial e industrial, considerando fatores como topografia, acessibilidade e zonas ambientais. O resultado foi um zoneamento mais alinhado com as necessidades da comunidade e as características naturais do terreno.

3. Mobilidade Urbana Inteligente:

Dados geoespaciais foram fundamentais para repensar a mobilidade urbana. Com informações precisas sobre o tráfego, padrões de transporte e acessibilidade, a administração pôde otimizar rotas, melhorar o transporte público e planejar o desenvolvimento de ciclovias e áreas de pedestres. A visualização geoespacial permitiu uma análise abrangente dos fluxos de tráfego, facilitando intervenções que melhoraram significativamente a fluidez e eficiência do sistema de transporte.

4. Desenvolvimento Sustentável e Áreas Verdes:

A transformação urbana incluiu uma abordagem voltada para o desenvolvimento sustentável. Dados geoespaciais possibilitaram a identificação de áreas adequadas para parques, áreas verdes e projetos de sustentabilidade ambiental. A administração pôde, assim, criar uma cidade mais ecológica e resiliente, promovendo o bem-estar da comunidade e protegendo ecossistemas sensíveis.

5. Participação Comunitária:

A transformação urbana não ocorreu apenas no nível físico, mas também no envolvimento e participação da comunidade. O uso de mapas interativos e visualizações geoespaciais permitiu que os cidadãos compreendessem as mudanças planejadas em suas áreas, contribuindo com feedback valioso e promovendo uma sensação de transparência e participação no processo de transformação urbana.

A transformação urbana impulsionada por dados geoespaciais não apenas aprimorou a infraestrutura e mobilidade, mas também alavancou o desenvolvimento sustentável e fortaleceu a relação entre a administração municipal e a comunidade, resultando em uma cidade mais eficiente, equitativa e agradável para se viver.

17.4. Envolvimento Comunitário

Envolvimento Comunitário no Planejamento Urbano com Dados Geoespaciais

O envolvimento comunitário no planejamento urbano, impulsionado pela aplicação de dados geoespaciais, representa uma mudança significativa na forma como as comunidades interagem e contribuem para o desenvolvimento de suas áreas. Vamos explorar como a transparência e acessibilidade aos dados geográficos influenciaram positivamente a participação da comunidade:

1. Acesso a Informações Transparentes:
A disponibilidade de dados geoespaciais oferece às comunidades acesso transparente a informações críticas sobre o desenvolvimento urbano. Mapas interativos e visualizações geoespaciais tornam compreensíveis e acessíveis dados complexos sobre zonas de construção, áreas verdes, infraestrutura e

planos de zoneamento. Isso proporciona aos membros da comunidade uma visão clara e detalhada do que está sendo proposto, criando um ambiente mais transparente e compreensível.

2. Participação Ativa em Decisões Locais:

A aplicação de dados geoespaciais permite que os cidadãos participem ativamente nas decisões relacionadas ao desenvolvimento urbano. Com ferramentas interativas, os residentes podem explorar propostas de projetos, visualizar como esses projetos impactarão suas áreas e oferecer feedback valioso. Esse engajamento direto proporciona à comunidade uma voz significativa no planejamento urbano, contribuindo para decisões mais representativas e alinhadas com as necessidades locais.

3. Identificação de Necessidades Específicas:

A análise de dados geoespaciais permite que as comunidades identifiquem suas necessidades específicas de maneira mais precisa. Por exemplo, ao visualizar áreas com deficiência de espaços verdes, infraestrutura inadequada ou questões de mobilidade, os residentes podem destacar suas prioridades. Essa identificação colaborativa de necessidades específicas contribui para um planejamento mais centrado na comunidade.

4. Redução de Desigualdades e Disparidades:

A transparência nos dados geoespaciais ajuda a reduzir desigualdades e disparidades no desenvolvimento urbano. Ao visualizar informações sobre investimentos em diferentes áreas, os membros da comunidade podem garantir que o desenvolvimento seja equitativo. Isso é particularmente importante para garantir que bairros historicamente negligenciados ou economicamente desfavorecidos se beneficiem do planejamento urbano de maneira justa.

5. Educação e Conscientização:

A aplicação de dados geoespaciais não apenas envolve a comunidade nas decisões presentes, mas também educa e conscientiza sobre o processo de planejamento urbano. Ao fornecer informações detalhadas sobre o desenvolvimento proposto, as ferramentas geoespaciais capacitam os cidadãos a entenderem melhor os fatores envolvidos, promovendo uma comunidade mais informada e envolvida.

O envolvimento comunitário no planejamento urbano, com a aplicação de dados geoespaciais, fortalece a democracia local, constrói um entendimento comum e cria cidades mais inclusivas, onde as decisões refletem as necessidades reais da comunidade. Essa abordagem colaborativa representa uma mudança positiva na forma como as cidades são desenvolvidas e experimentadas por seus habitantes.

17.5. Desafios de Planejamento

Desafios de Planejamento Urbano com o Uso de Dados
Geoespaciais

O uso de dados geoespaciais no planejamento
urbano, embora traga benefícios significativos, também
está sujeito a uma série de desafios, especialmente
quando aplicado a ambientes urbanos complexos e em
crescimento. Vamos explorar alguns desses desafios:

1. Complexidade do Ambiente Urbano:
Ambientes urbanos são inerentemente
complexos, com uma variedade de fatores
interconectados, como infraestrutura existente, zonas
de construção, densidade populacional e questões
ambientais. A integração de dados geoespaciais pode
aumentar a complexidade, exigindo sistemas robustos
de gerenciamento e análise para garantir que as
informações sejam processadas de maneira
significativa.

2. Crescimento Populacional:
O crescimento populacional constante e muitas
vezes não planejado apresenta um desafio significativo.
O uso de dados geoespaciais para entender padrões de
crescimento, identificar áreas de densificação e planejar
novas infraestruturas é crucial. No entanto, o desafio
reside na capacidade de prever com precisão o
crescimento futuro, adaptando-se às mudanças nas

demandas e evitando a sobrecarga de serviços existentes.

3. Integração de Dados de Diferentes Fontes:

Os dados geoespaciais frequentemente provêm de várias fontes, como sensores remotos, registros municipais, dados sociais e muito mais. Integrar esses dados para criar uma visão abrangente do ambiente urbano pode ser desafiador devido a diferenças em formatos, escalas e precisões. A harmonização eficaz é essencial para garantir que as informações sejam precisas e úteis.

4. Engajamento Comunitário Sustentável:

Embora o envolvimento comunitário seja uma vantagem, manter esse engajamento de maneira sustentável ao longo do tempo é desafiador. A participação ativa da comunidade requer esforços contínuos de comunicação, educação e transparência. Além disso, as opiniões variadas dentro da comunidade podem tornar desafiador chegar a um consenso em questões complexas de planejamento urbano.

5. Mudanças Rápidas e Dinâmicas:

Ambientes urbanos estão sujeitos a mudanças rápidas, como desenvolvimento imobiliário, mudanças econômicas e eventos imprevistos. Os dados geoespaciais precisam ser atualizados em tempo real para refletir essas mudanças, e isso pode ser desafiador, especialmente em áreas urbanas em rápido desenvolvimento.

6. Questões de Privacidade e Ética:

A coleta e o uso de dados geoespaciais levantam questões éticas e de privacidade. Garantir que a coleta e análise de dados sejam feitas de maneira ética e que as informações sensíveis sejam devidamente protegidas é um desafio constante.

7. Planejamento Resiliente:

Desenvolver planos urbanos que sejam resilientes a eventos extremos, como desastres naturais, é um desafio crescente. Os dados geoespaciais desempenham um papel fundamental na prevenção e mitigação de riscos, mas a incerteza inerente a esses eventos adiciona complexidade ao processo de planejamento.

Enfrentar esses desafios requer uma abordagem holística, envolvendo especialistas em geoespacial, urbanismo, tecnologia e engajamento comunitário para garantir que o planejamento urbano seja sustentável, adaptável e orientado pelos interesses da comunidade.

Capítulo 18: Ferramentas e Softwares de Dados Geoespaciais

18.1. Principais Softwares de Banco de Dados Geoespacial

Os softwares de banco de dados geoespaciais são ferramentas essenciais para o armazenamento, gerenciamento e análise de dados que têm componentes geográficos. Abaixo estão alguns dos principais softwares de banco de dados geoespacial:

1. PostGIS:

- Funcionalidades: PostGIS é uma extensão geoespacial para o banco de dados PostgreSQL. Ele adiciona tipos de dados geográficos, índices espaciais e funções para suportar dados geográficos.

- Capacidades: Oferece suporte robusto para consultas espaciais complexas, análise de dados geográficos e integração com aplicativos GIS (Sistemas de Informação Geográfica).

- Aplicações: Amplamente utilizado em sistemas GIS, planejamento urbano, gerenciamento de recursos naturais e aplicações relacionadas.

2. Oracle Spatial:

- Funcionalidades: Oracle Spatial é uma extensão do Oracle Database que adiciona recursos geoespaciais ao sistema de gerenciamento de banco de dados Oracle.

- Capacidades: Permite armazenar e consultar dados geoespaciais, suportando operações espaciais avançadas e integração com aplicativos GIS.

- Aplicações: Usado em várias indústrias, incluindo logística, telecomunicações e gestão de ativos.

3. ESRI ArcSDE (Spatial Database Engine):
- Funcionalidades: O ArcSDE, desenvolvido pela ESRI, é uma tecnologia que permite armazenar dados geográficos em bancos de dados relacionais.
- Capacidades: Fornece uma plataforma para armazenar, recuperar e gerenciar dados espaciais, integrando-se a diferentes Sistemas de Gerenciamento de Banco de Dados (SGBD).
- Aplicações: Amplamente utilizado em soluções GIS, como o ArcGIS da ESRI, para armazenamento centralizado de dados espaciais.

4. GeoServer:
- Funcionalidades: GeoServer é uma aplicação de servidor de código aberto que permite compartilhar e editar dados geoespaciais através de padrões abertos.
- Capacidades: Suporta a publicação de dados geoespaciais em formatos padrão, como Web Map Service (WMS) e Web Feature Service (WFS).
- Aplicações: Utilizado para construir infraestruturas de dados espaciais, fornecer serviços de mapas na web e colaborar em projetos geoespaciais.

5. MongoDB com GeoJSON:
- Funcionalidades: MongoDB é um banco de dados NoSQL, e sua extensão GeoJSON permite o armazenamento e consulta eficientes de dados geoespaciais.

- Capacidades: Oferece suporte a índices espaciais, consultas geoespaciais e operações de análise.

- Aplicações: Usado em aplicativos web e móveis, Internet das Coisas (IoT) e em casos onde a escalabilidade horizontal é uma consideração crucial.

6. SQLite com extensão SpatiaLite:

- Funcionalidades: SQLite é um banco de dados SQL embutido, e a extensão SpatiaLite adiciona suporte para dados geoespaciais.

- Capacidades: Oferece funcionalidades espaciais, como índices espaciais, operações geoespaciais e suporte a dados vetoriais e raster.

- Aplicações: Útil em aplicativos que requerem uma solução leve e embutida para dados geoespaciais.

Esses softwares representam uma variedade de abordagens para o gerenciamento de dados geoespaciais, desde bancos de dados relacionais com extensões espaciais até bancos de dados NoSQL especializados. A escolha depende dos requisitos específicos do projeto, das preferências da equipe de desenvolvimento e do contexto de uso.

18.2. Ferramentas de Visualização Geográfica

As ferramentas de visualização geográfica desempenham um papel crucial na representação gráfica e compreensão de dados geoespaciais. Elas são projetadas para traduzir informações complexas em representações visuais intuitivas e interativas. Abaixo estão alguns dos aspectos importantes dessas ferramentas:

1. Mapas Interativos:
- As ferramentas de visualização geográfica frequentemente apresentam mapas interativos que permitem aos usuários explorar dados geoespaciais de maneira dinâmica.
- Os usuários podem aplicar zoom, pan, clicar em elementos do mapa para obter informações adicionais e interagir diretamente com os dados.

2. Camadas de Informação:
- Essas ferramentas suportam a sobreposição de várias camadas de informações geográficas, permitindo a análise de dados provenientes de diferentes fontes.
- Por exemplo, camadas de ruas, limites administrativos, pontos de interesse e dados climáticos podem ser combinados para uma análise abrangente.

3. Visualização de Dados Estatísticos:

- Além de simples representações geográficas, as ferramentas podem incorporar visualizações de dados estatísticos, como gráficos de barras, gráficos de pizza e diagramas de dispersão associados a localizações específicas.

4. Personalização de Estilos e Símbolos:

- Os usuários podem personalizar a aparência dos mapas, escolhendo estilos e símbolos que melhor representem os dados. Isso inclui a definição de cores, tamanhos e formas de elementos geográficos.

5. Suporte a Dados 3D:

- Algumas ferramentas avançadas oferecem suporte à visualização tridimensional, permitindo que os usuários explorem dados geoespaciais em um ambiente 3D realista.

6. Ferramentas de Análise Espacial:

- Incluem funcionalidades de análise espacial, como buffers, análise de proximidade e interpolação espacial, que auxiliam na compreensão de padrões geográficos e relacionamentos entre diferentes elementos.

7. Integração com APIs de Mapeamento:

- Muitas ferramentas podem ser integradas a APIs de mapeamento, como Google Maps ou Mapbox, para enriquecer a experiência de visualização e aproveitar serviços baseados em localização.

8. Compatibilidade com Dispositivos Móveis:

- Muitas ferramentas são projetadas para serem responsivas, garantindo uma experiência de visualização consistente em dispositivos móveis, o que é crucial para aplicativos e soluções móveis.

9. Colaboração e Compartilhamento:

- Facilitam a colaboração e o compartilhamento de mapas e visualizações, permitindo que os usuários compartilhem facilmente suas descobertas e análises com outras partes interessadas.

10. Suporte a Diversos Formatos de Dados:

- Essas ferramentas geralmente suportam uma variedade de formatos de dados geoespaciais, como GeoJSON, Shapefile e KML, garantindo a compatibilidade com diferentes fontes de dados.

As ferramentas de visualização geográfica são essenciais em diversas áreas, incluindo planejamento urbano, gestão ambiental, logística, saúde pública e muito mais. Elas capacitam os usuários a explorar e entender os dados geográficos, fornecendo insights valiosos para a tomada de decisões informadas.

18.3. Ferramentas de Análise Espacial

As ferramentas de análise espacial são componentes essenciais nos campos de geoprocessamento e sistemas de informações geográficas (SIG). Elas capacitam os usuários a analisar e interpretar padrões, relações e tendências em dados geoespaciais, oferecendo uma compreensão mais profunda do ambiente geográfico. Abaixo estão alguns conceitos fundamentais sobre essas ferramentas:

1. Definição:
 - As ferramentas de análise espacial referem-se a um conjunto de técnicas e métodos que exploram a relação entre dados geográficos e ajudam na interpretação de padrões e comportamentos espaciais.

2. Geoprocessamento:
 - A análise espacial está intrinsecamente ligada ao geoprocessamento, que envolve o processamento de dados geoespaciais para obter informações valiosas sobre a distribuição, proximidade e interação entre elementos.

3. Topologia e Relações Espaciais:
 - Ferramentas de análise espacial examinam a topologia e as relações espaciais entre diferentes entidades, permitindo, por exemplo, identificar quais elementos estão próximos, conectados ou sobrepostos.

4. Buffer e Análise de Proximidade:
 - O buffer é uma técnica comum que cria uma zona de influência ao redor de um determinado ponto, linha ou polígono. A análise de proximidade usa buffers para

avaliar quais entidades estão dentro de uma determinada distância de outras.

5. Interpolação Espacial:
- Ferramentas como a interpolação espacial são usadas para estimar valores em locais não amostrados com base em valores conhecidos, útil, por exemplo, para prever a distribuição de poluentes ou padrões climáticos.

6. Análise de Cluster (Agrupamento):
- Identifica agrupamentos ou padrões espaciais em dados, revelando áreas onde entidades semelhantes estão concentradas. Essa análise é crucial em campos como epidemiologia para identificar surtos de doenças.

7. Análise de Rota e Acessibilidade:
- Ferramentas de análise espacial também são usadas para otimizar rotas, avaliar acessibilidade e entender como diferentes regiões estão conectadas, sendo úteis em logística, transporte e planejamento urbano.

8. Modelagem de Superfície:
- Envolve a criação de modelos de superfície tridimensionais a partir de dados geoespaciais, permitindo visualizações mais realistas e análises detalhadas de características do terreno.

9. Geoestatística:

- Utiliza técnicas estatísticas em dados geográficos, sendo valiosa para entender a distribuição espacial de fenômenos e a variabilidade desses fenômenos ao longo do espaço.

10. Aplicações Práticas:

- As ferramentas de análise espacial encontram aplicação em diversas áreas, incluindo gestão ambiental, planejamento urbano, agronegócio, epidemiologia, gestão de recursos naturais, entre outras.

11. Software SIG:

- Muitos softwares SIG, como ArcGIS, QGIS e Google Earth Engine, oferecem uma variedade de ferramentas de análise espacial, proporcionando aos usuários a capacidade de explorar e entender os dados geoespaciais de maneira abrangente.

12. Tomada de Decisões Informada:

- A análise espacial capacita a tomada de decisões informada, fornecendo insights que vão além da simples representação visual de mapas, permitindo a compreensão de padrões ocultos e relações complexas entre diferentes elementos geográficos.

As ferramentas de análise espacial são fundamentais para transformar dados geoespaciais em informações significativas, proporcionando uma visão mais profunda e informada do mundo ao nosso redor.

18.4. Software Livre vs. Comercial

A distinção entre software livre e comercial no contexto de dados geoespaciais é crucial para entender as opções disponíveis para profissionais que trabalham com informações geográficas. Aqui estão algumas considerações sobre cada abordagem:

Software Livre:

Vantagens:
1. Custo:
   - O principal benefício do software livre é que ele é geralmente gratuito para uso. Isso pode ser especialmente atraente para organizações ou usuários individuais com orçamentos limitados.

2. Código Aberto:
   - O software livre é geralmente distribuído com seu código-fonte aberto, permitindo que os usuários visualizem, modifiquem e distribuam o software de acordo com suas necessidades. Isso promove a transparência e a colaboração.

3. Comunidade Ativa:
   - Muitos projetos de software livre têm comunidades ativas de desenvolvedores e usuários. Isso pode levar a

atualizações frequentes, resolução rápida de problemas e aprimoramentos contínuos.

4. Flexibilidade:
   - A natureza aberta do código permite que os usuários personalizem e adaptem o software para atender às suas necessidades específicas.

5. Padrões Abertos:
   - Muitas soluções de software livre aderem a padrões abertos, o que facilita a interoperabilidade com outras ferramentas e formatos de dados.

Desvantagens:
1. Suporte Técnico:
   - O suporte técnico pode ser limitado em comparação com soluções comerciais. Dependência da comunidade pode resultar em tempos de resposta variáveis.

2. Curva de Aprendizado:
   - Alguns softwares livres podem ter uma curva de aprendizado mais íngreme, especialmente para usuários iniciantes ou não técnicos.

3. Integração com Software Proprietário:
   - Pode haver desafios na integração com software proprietário, dependendo dos formatos de dados e padrões utilizados.

Software Comercial:

Vantagens:
1. Suporte Profissional:
   - As soluções comerciais geralmente oferecem suporte técnico profissional, garantindo resolução rápida de problemas e atualizações regulares.

2. Facilidade de Uso:
   - Muitas ferramentas comerciais são projetadas para serem amigáveis ao usuário, com interfaces intuitivas, facilitando o uso para aqueles que não têm experiência técnica avançada.

3. Integração com Outras Ferramentas:
   - Muitos softwares comerciais são desenvolvidos para integrar-se facilmente a outras ferramentas, incluindo software de design, CAD (Computer-Aided Design), e bancos de dados.

4. Treinamento:
   - Muitos fornecedores comerciais oferecem programas de treinamento, facilitando a introdução de novos usuários às suas plataformas.

Desvantagens:
1. Custo Inicial:
   - O principal inconveniente é o custo inicial. O software comercial muitas vezes requer uma licença paga para uso, o que pode ser proibitivo para algumas organizações ou usuários individuais.

2. Restrições de Personalização:

- Em comparação com o software livre, as opções de personalização podem ser limitadas, pois o código fonte geralmente não está disponível.

3. Dependência do Fornecedor:

- Os usuários ficam dependentes do fornecedor para atualizações e suporte contínuo, o que pode criar vulnerabilidades se o fornecedor deixar de oferecer suporte.

A escolha entre software livre e comercial depende das necessidades específicas, recursos disponíveis e preferências do usuário. Muitas organizações optam por uma abordagem híbrida, usando soluções comerciais onde é crucial ter suporte profissional e recorrendo a soluções de software livre para atender a requisitos específicos ou para ambientes mais flexíveis.

18.5. Escolhendo a Ferramenta Certa

Escolher a ferramenta certa para lidar com dados geoespaciais é crucial para o sucesso de projetos relacionados a geoinformação. Aqui estão alguns critérios importantes a serem considerados ao tomar essa decisão:

1. Escala do Projeto:

- Avalie a escala do seu projeto. Ferramentas diferentes podem ser mais adequadas para projetos pequenos em comparação com projetos em larga escala. Certifique-se de que a ferramenta escolhida pode lidar eficientemente com o volume de dados previsto.

2. Recursos Necessários:

- Analise os recursos específicos que você precisa. Isso pode incluir capacidades de análise espacial, suporte a diferentes tipos de dados geoespaciais (vetoriais, raster, etc.), capacidade de visualização avançada, entre outros. Listar os requisitos específicos do seu projeto ajudará na seleção.

3. Integração com Outras Ferramentas:

- Considere como a ferramenta se integra com outras ferramentas em seu ambiente de trabalho. Se você já está usando software específico para design, análise estatística ou bancos de dados, certifique-se de que a ferramenta de dados geoespaciais pode se integrar eficientemente a essas soluções.

4. Requisitos Técnicos:

- Verifique os requisitos técnicos da ferramenta, incluindo compatibilidade com sistemas operacionais, requisitos de hardware, e suporte a padrões de dados.

Certifique-se de que a ferramenta é tecnicamente viável para a sua infraestrutura existente.

5. Facilidade de Uso:

- A interface do usuário e a facilidade de uso são aspectos importantes, especialmente se a ferramenta será utilizada por uma equipe diversificada que pode não ter experiência técnica avançada. Avalie a curva de aprendizado e a intuitividade da ferramenta.

6. Suporte e Atualizações:

- Considere a disponibilidade de suporte técnico. Ferramentas com suporte profissional podem ser essenciais para resolver problemas rapidamente. Além disso, avalie a regularidade das atualizações, pois isso indica o compromisso contínuo do desenvolvedor com melhorias e correções.

7. Custos:

- Avalie os custos associados ao uso da ferramenta, incluindo licenças, manutenção e eventuais custos de treinamento. Considere o retorno do investimento em relação aos recursos oferecidos.

8. Padrões e Formatos de Dados:

- Verifique se a ferramenta suporta padrões abertos e formatos de dados comuns. Isso facilitará a interoperabilidade e a troca de dados com outras ferramentas e sistemas.

9. Avaliações e Comentários:

- Pesquise avaliações e comentários de usuários sobre a ferramenta. Experiências de outros usuários podem fornecer insights valiosos sobre a eficácia e os desafios associados a uma determinada ferramenta.

Ao considerar esses critérios, os tomadores de decisão podem tomar decisões informadas sobre a escolha da ferramenta de dados geoespaciais mais adequada para suas necessidades específicas.

Capítulo 19: Ética e Privacidade em Dados Geoespaciais

19.1. Questões Éticas em Dados Geoespaciais

O uso de dados geoespaciais levanta diversas questões éticas que precisam ser consideradas para garantir práticas responsáveis e respeitosas. Algumas das principais questões éticas associadas a dados geoespaciais incluem:

1. Privacidade:
- A coleta de dados geoespaciais pode revelar informações sensíveis sobre a localização e os movimentos das pessoas. A questão da privacidade torna-se crítica, especialmente quando esses dados são vinculados a identidades individuais. É essencial garantir que os dados sejam anonimizados ou agregados sempre que possível e que medidas rigorosas de segurança estejam em vigor.

2. Consentimento Informado:
- A obtenção de consentimento informado é crucial ao coletar dados geoespaciais, especialmente quando se trata de informações pessoais. Os usuários devem ser plenamente informados sobre como seus dados serão coletados, armazenados e utilizados, e devem ter a opção de conceder ou recusar o consentimento.

3. Transparência:
- As organizações que coletam e utilizam dados geoespaciais devem ser transparentes sobre suas

práticas. Isso inclui divulgar claramente os propósitos da coleta de dados, como eles serão usados e compartilhados, e como os indivíduos podem exercer seus direitos de privacidade.

4. Equidade e Viés:

- Dados geoespaciais podem refletir e até amplificar viés social. Por exemplo, se certas áreas geográficas forem sub-representadas nos dados, as decisões baseadas nesses dados podem ser injustas ou discriminatórias. A equidade deve ser uma consideração central, e os desenvolvedores devem estar atentos a possíveis viés nos algoritmos ou conjuntos de dados.

5. Segurança de Dados:

- A segurança dos dados geoespaciais é uma questão ética essencial. Vazamentos de dados podem ter implicações graves para a privacidade das pessoas e para a segurança em geral. Medidas robustas de segurança cibernética e práticas de gerenciamento de dados seguras são essenciais.

6. Uso Responsável em Aplicações Militares:

- Em contextos militares, a utilização de dados geoespaciais levanta questões éticas adicionais, incluindo a potencial utilização em operações que podem impactar a segurança e o bem-estar das populações. A consideração ética é crucial ao desenvolver e aplicar tecnologias geoespaciais em contextos militares.

7. Acesso e Desigualdade:

- A disponibilidade de dados geoespaciais e o acesso a tecnologias associadas podem variar significativamente entre diferentes regiões e grupos sociais. Isso pode contribuir para disparidades e desigualdades. Garantir que o acesso e benefícios associados aos dados geoespaciais sejam distribuídos de maneira justa é uma consideração ética importante.

8. Responsabilidade nas Decisões Automatizadas:

- A automação baseada em dados geoespaciais, como em carros autônomos, levanta questões éticas sobre quem é responsável em caso de acidentes ou falhas. A atribuição clara de responsabilidade e a consideração ética na tomada de decisões automatizada são críticas.

Ao abordar essas questões éticas, os desenvolvedores, pesquisadores e organizações podem contribuir para um uso responsável e ético dos dados geoespaciais, promovendo a confiança do público e minimizando potenciais impactos negativos.

19.2. Privacidade e Dados de Localização

A relação entre privacidade e dados de localização é uma preocupação crescente à medida que a coleta e o uso de informações geoespaciais se tornam mais difundidos. Aqui estão alguns pontos-chave sobre essa relação:

1. Rastreamento e Identificação:
   - A coleta de dados de localização pode permitir o rastreamento preciso dos movimentos individuais. Isso levanta preocupações sobre a privacidade, já que a localização pode ser uma informação altamente sensível. Quando combinada com outros dados, a identificação pessoal pode se tornar possível, revelando detalhes sobre a vida diária de uma pessoa.

2. Equilíbrio entre Utilidade e Privacidade:
   - Muitos serviços e aplicativos baseados em dados de localização oferecem benefícios significativos, como navegação eficiente, recomendações personalizadas e serviços de localização. No entanto, esse benefício muitas vezes requer o compartilhamento de dados de localização. Encontrar o equilíbrio certo entre a utilidade desses serviços e a proteção da privacidade é um desafio.

3. Consentimento Informado:
   - O consentimento informado é fundamental quando se trata de dados de localização. As pessoas devem ser totalmente informadas sobre como seus dados de localização serão coletados, usados e compartilhados. Devem ter a opção de conceder ou negar esse consentimento, e a revogação do consentimento deve ser uma opção clara.

4. Anonimização e Agregação de Dados:

- Para proteger a privacidade, as organizações podem adotar práticas como a anonimização e agregação de dados. A anonimização remove ou altera informações identificáveis, enquanto a agregação agrupa dados para tornar impossível identificar informações específicas de um indivíduo.

5. Segurança dos Dados:

- A segurança dos dados de localização é vital para evitar acessos não autorizados e vazamentos. As organizações devem implementar medidas robustas de segurança cibernética para proteger essas informações sensíveis.

6. Políticas de Retenção de Dados:

- Estabelecer políticas claras de retenção de dados é essencial. Manter dados de localização por mais tempo do que o necessário pode aumentar os riscos de privacidade. A definição de períodos específicos para a retenção e a exclusão segura dos dados após esse período são boas práticas.

7. Educação do Usuário:

- A educação do usuário desempenha um papel crucial. Os usuários precisam entender como seus dados de localização são usados, como podem controlar suas configurações de privacidade e quais são os riscos e benefícios associados ao compartilhamento de dados de localização.

8. Normas Éticas e Legais:

- A conformidade com normas éticas e legais é fundamental. Regulamentações como o Regulamento Geral de Proteção de Dados (GDPR) na União Europeia estabelecem diretrizes rigorosas para a coleta e processamento de dados pessoais, incluindo dados de localização.

A relação entre privacidade e dados de localização destaca a importância de abordagens éticas e transparentes na coleta e uso dessas informações, garantindo que a utilidade dos serviços baseados em localização não comprometa a privacidade individual.

19.3. Regulamentações e Conformidade

A regulamentação e conformidade em relação a dados geoespaciais estão intrinsecamente ligadas à proteção da privacidade e à ética na coleta, processamento e uso dessas informações. Diversas jurisdições têm estabelecido leis e diretrizes para garantir a proteção dos direitos individuais e a segurança dos dados. Aqui estão alguns pontos relevantes:

1. Regulamento Geral de Proteção de Dados (GDPR - União Europeia):
- O GDPR é uma das legislações mais abrangentes em relação à proteção de dados pessoais. Aplica-se a

dados de localização e estabelece princípios como consentimento informado, direito de acesso, retificação e exclusão de dados, e a obrigação de notificar violações de dados.

2. Leis de Privacidade nos Estados Unidos:
- Nos Estados Unidos, não existe uma lei federal específica de privacidade de dados abrangente, mas algumas leis estaduais, como a California Consumer Privacy Act (CCPA), impõem requisitos específicos em relação à privacidade e ao controle do consumidor sobre seus dados.

3. Lei Geral de Proteção de Dados Pessoais (LGPD - Brasil):
- A LGPD, inspirada no GDPR, é a legislação brasileira que trata da proteção de dados pessoais, incluindo dados de localização. Estabelece direitos dos titulares dos dados, princípios de transparência e finalidade, e requer medidas de segurança para proteger esses dados.

4. Leis de Proteção à Privacidade na Ásia-Pacífico:
- Diversos países na região Ásia-Pacífico, como Japão, Coreia do Sul, e Austrália, têm leis de privacidade que abrangem a coleta e o uso de dados pessoais, incluindo dados de localização.

5. ISO 37120 - Indicadores de Cidades Sustentáveis:
- A ISO 37120 é uma norma internacional que define indicadores para cidades sustentáveis, incluindo

aqueles relacionados a dados geoespaciais. Essa norma fornece um conjunto de padrões para garantir a qualidade e confiabilidade dos dados urbanos.

6. Diretrizes Éticas de Inteligência Artificial:
   - À medida que tecnologias como aprendizado de máquina e inteligência artificial são aplicadas a dados geoespaciais, diretrizes éticas específicas para essas tecnologias também se tornam relevantes. Organizações e pesquisadores estão desenvolvendo diretrizes para garantir o uso ético dessas tecnologias.

7. Princípios de Minimização de Dados:
   - Muitas regulamentações enfatizam o princípio de minimização de dados, incentivando a coleta apenas dos dados necessários para a finalidade específica. Isso se aplica igualmente a dados geoespaciais, onde a coleta excessiva de informações é vista como uma prática não ética.

8. Avaliação de Impacto de Privacidade (PIA):
   - Algumas jurisdições e padrões recomendam a realização de Avaliações de Impacto de Privacidade para avaliar os riscos e mitigar potenciais impactos adversos à privacidade antes de realizar certas atividades de processamento de dados, incluindo dados geoespaciais.

O cenário regulatório reflete o reconhecimento global da importância da proteção da privacidade em dados geoespaciais, com diferentes regiões adotando abordagens específicas para promover a conformidade e a ética no uso dessas informações.

19.4. Responsabilidade Social Corporativa

A responsabilidade social corporativa (RSC) no contexto de dados geoespaciais envolve a consideração ética do impacto social das atividades relacionadas à coleta, processamento e uso desses dados. Aqui estão algumas maneiras como as organizações podem adotar práticas éticas em dados geoespaciais:

1. Transparência e Comunicação:
- As organizações devem ser transparentes sobre como coletam, processam e usam dados geoespaciais. A comunicação clara com os stakeholders, incluindo o público em geral, é essencial para construir confiança.

2. Consentimento Informado:
- As organizações devem buscar o consentimento informado dos usuários para a coleta e uso de dados geoespaciais sempre que aplicável. Isso garante que os indivíduos estejam cientes e concordem com o uso de suas informações de localização.

3. Minimização de Dados:
- Práticas éticas envolvem a minimização de dados, ou seja, coletar apenas os dados geoespaciais

necessários para a finalidade específica. Isso reduz o risco de uso indevido ou coleta excessiva de informações.

4. Segurança de Dados:
   - A segurança dos dados geoespaciais é crucial. As organizações devem implementar medidas de segurança robustas para proteger essas informações contra acesso não autorizado, garantindo a privacidade e integridade dos dados.

5. Equidade e Inclusão:
   - As organizações devem garantir que a coleta e o uso de dados geoespaciais sejam equitativos e inclusivos. Isso significa considerar como as práticas afetam diferentes grupos sociais e garantir que não haja discriminação.

6. Avaliação de Impacto de Privacidade (PIA):
   - A realização de Avaliações de Impacto de Privacidade ajuda a identificar e mitigar riscos à privacidade associados à coleta e uso de dados geoespaciais. Essa prática é especialmente importante em projetos de larga escala.

7. Colaboração com a Comunidade:
   - A colaboração com a comunidade local é uma prática ética. As organizações podem envolver a comunidade no processo de decisão sobre como os dados geoespaciais serão usados em seu ambiente, considerando suas opiniões e necessidades.

8. Educação e Conscientização:

- As organizações têm a responsabilidade de educar seus funcionários, clientes e a comunidade em geral sobre as implicações éticas dos dados geoespaciais. Isso inclui promover a conscientização sobre privacidade, segurança e impacto social.

9. Cumprimento de Normas e Leis:

- Cumprir as normas e leis locais e internacionais relacionadas à privacidade e proteção de dados é uma parte fundamental da responsabilidade social corporativa. Isso envolve manter-se atualizado sobre as mudanças nas regulamentações e ajustar práticas conforme necessário.

A responsabilidade social corporativa no contexto de dados geoespaciais não apenas atende a considerações éticas, mas também constrói uma base sólida de confiança entre as organizações e seus stakeholders, contribuindo para um ambiente de dados mais ético e sustentável.

19.5. Recomendações Éticas

Lidar com dados geoespaciais de maneira ética é fundamental para proteger a privacidade, garantir a equidade e construir a confiança do público. Aqui estão algumas recomendações éticas para orientar a coleta, uso e compartilhamento de dados geoespaciais:

1. Transparência e Comunicação:
- Seja transparente sobre como os dados geoespaciais são coletados, processados e utilizados. Forneça informações claras para os usuários, explicando os propósitos da coleta e como os dados serão usados.

2. Consentimento Informado:
- Busque o consentimento informado sempre que possível. Permita que os usuários tenham controle sobre suas informações de localização e forneça opções claras para aceitar ou recusar a coleta de dados geoespaciais.

3. Minimização de Dados:
- Colete apenas os dados geoespaciais necessários para a finalidade específica. Evite a coleta excessiva ou indiscriminada de informações, minimizando assim os riscos de uso indevido.

4. Segurança de Dados:
- Implemente medidas robustas de segurança para proteger os dados geoespaciais contra acesso não autorizado. Certifique-se de que os dados sejam

armazenados e transmitidos de maneira segura, reduzindo o risco de violações de segurança.

5. Equidade e Inclusão:
- Considere os impactos diferenciados que as práticas de dados geoespaciais podem ter em diferentes grupos sociais. Evite práticas que possam resultar em discriminação ou desigualdades e promova a equidade no acesso e uso dos dados.

6. Avaliação de Impacto de Privacidade (PIA):
- Realize Avaliações de Impacto de Privacidade para identificar e mitigar riscos à privacidade associados à coleta e uso de dados geoespaciais. Isso é particularmente importante em projetos de grande escala.

7. Anonimização e Pseudonimização:
- Ao máximo possível, anonimize ou pseudonimize dados geoespaciais para proteger a identidade dos indivíduos. Isso reduz a possibilidade de rastreamento direto de informações para pessoas específicas.

8. Colaboração com a Comunidade:
- Envolva a comunidade no processo de decisão sobre a coleta e uso de dados geoespaciais em seu ambiente. Considere as preocupações e necessidades da comunidade para garantir uma abordagem inclusiva.

9. Educação e Conscientização:

- Eduque funcionários, usuários e stakeholders sobre a importância da privacidade e ética em dados geoespaciais. Promova a conscientização sobre os impactos sociais e individuais dessas práticas.

10. Responsabilidade Social Corporativa:

- Adote práticas de responsabilidade social corporativa ao lidar com dados geoespaciais. Considere não apenas as obrigações legais, mas também o impacto social mais amplo de suas atividades.

11. Conformidade com Regulamentações:

- Cumpra rigorosamente as regulamentações locais e internacionais relacionadas à privacidade e proteção de dados geoespaciais. Mantenha-se atualizado sobre as mudanças nas leis e ajuste as práticas conforme necessário.

Ao seguir essas recomendações éticas, as organizações podem contribuir para a construção de um ambiente de dados geoespaciais mais ético, transparente e confiável, promovendo o uso responsável e equitativo dessas informações.

Capítulo 20: Conclusão e Perspectivas Futuras

20.1. Impacto dos Dados Geoespaciais

Os dados geoespaciais têm desempenhado um papel fundamental na transformação de como entendemos, interagimos e abordamos uma variedade de desafios em diferentes setores da sociedade. A geoinformação, que inclui dados geoespaciais como mapas, coordenadas geográficas e informações de localização, tem impactos significativos na tomada de decisões, planejamento e inovação em diversas áreas. Vamos explorar o impacto desses dados em alguns setores-chave:

1. Planejamento Urbano:
   - A geoinformação é essencial no desenvolvimento e planejamento urbano. Ela fornece insights detalhados sobre o uso do solo, densidade populacional e infraestrutura existente.
   - Possibilita a identificação de áreas de risco, facilitando o desenvolvimento sustentável e a mitigação de desastres.

2. Logística e Transporte:
   - Dados geoespaciais otimizam operações logísticas, proporcionando informações detalhadas sobre rotas, tráfego e condições de estradas.

- Contribuem para a eficiência no transporte, redução de custos e melhorias na entrega de mercadorias.

3. Agricultura de Precisão:

- Informações sobre solo, clima e topografia, coletadas por meio de dados geoespaciais, são cruciais na agricultura de precisão.

- Otimizam o uso de recursos, melhoram a eficiência das práticas agrícolas e reduzem o impacto ambiental.

4. Gestão de Recursos Naturais:

- Dados geoespaciais são fundamentais na gestão sustentável de ecossistemas, biodiversidade e recursos hídricos.

- Facilitam a tomada de decisões informada para preservação e monitoramento ambiental.

5. Saúde Pública:

- Permitem mapear padrões de doenças e a qualidade do ar, auxiliando na formulação de estratégias de saúde pública.

- São cruciais em situações de emergência, ajudando a localizar recursos médicos e distribuir ajuda de forma eficiente.

6. Setor de Energia:

- Na indústria de energia, dados geoespaciais são utilizados para a localização ideal de instalações, como parques eólicos e usinas solares.

- Contribuem para o gerenciamento de redes elétricas e a prevenção de desastres naturais.

7. Educação e Pesquisa:

- Facilitam a visualização e compreensão de fenômenos geográficos complexos, apoiando atividades de ensino e pesquisa.

- São valiosos para estudos ambientais, climáticos e geológicos.

8. Segurança Pública:

- Dados geoespaciais auxiliam em operações de segurança pública, permitindo a visualização de áreas de crime, planejamento de rotas para respostas a emergências e gestão de eventos de grande escala.

9. Negócios e Marketing:

- São utilizados para análise de localização de clientes, identificação de oportunidades de mercado e desenvolvimento de estratégias de expansão de negócios.

- Aplicativos móveis e serviços online baseados em localização se beneficiam diretamente desses dados.

10. Ciência e Pesquisa Espacial:

- Desempenham um papel crucial em missões espaciais, desde a localização precisa de sondas até a análise de dados coletados de outros corpos celestes.

Os dados geoespaciais têm uma influência profunda em praticamente todos os setores da sociedade moderna. Sua capacidade de fornecer informações detalhadas sobre o mundo ao nosso redor impulsiona a inovação, melhora a eficiência e capacita a tomada de decisões mais informada em escalas local e global. O contínuo avanço dessas tecnologias promete ainda mais contribuições positivas para a forma como compreendemos e interagimos com o nosso planeta.

20.2. O Futuro da Geoinformação

O futuro da geoinformação é emocionante, impulsionado por uma convergência de tecnologias emergentes, avanços significativos e tendências que moldarão a forma como utilizamos e compreendemos dados geoespaciais. Várias perspectivas podem ser exploradas:

1. Inteligência Artificial e Aprendizado de Máquina (IA/ML):
   - A IA e o ML desempenharão um papel central na análise de dados geoespaciais, permitindo insights mais profundos e automatização de processos.
   - Algoritmos avançados serão capazes de identificar padrões complexos e prever mudanças em escalas geográficas e temporais.

2. Realidade Aumentada e Virtual (AR/VR):

- A integração de AR e VR com dados geoespaciais proporcionará experiências imersivas para usuários, permitindo a visualização tridimensional de informações geográficas.

- Essas tecnologias serão fundamentais em ambientes de planejamento urbano, turismo e treinamento.

3. Análise Preditiva e Big Data:

- A análise preditiva continuará a evoluir, oferecendo a capacidade de antecipar eventos geográficos, desde mudanças climáticas até padrões de tráfego.

- Ambientes de Big Data permitirão o processamento em tempo real de grandes volumes de dados geoespaciais.

4. Redes 5G:

- A implementação generalizada de redes 5G possibilitará a transmissão e recepção mais rápidas de dados geoespaciais em tempo real.

- Setores como transporte, saúde e emergência se beneficiarão da conectividade ultra-rápida para tomada de decisões instantâneas.

5. Sensores e IoT:

- O aumento do número de sensores e dispositivos IoT coletará dados geoespaciais em tempo real, proporcionando uma visão mais dinâmica do ambiente.

- Setores agrícola, ambiental e de segurança pública se beneficiarão da monitorização contínua.

6. Blockchain para Dados Geoespaciais:

- A tecnologia blockchain pode ser empregada para garantir a integridade e autenticidade dos dados geoespaciais, proporcionando um registro transparente e inalterável.

- Isso é crucial em aplicações como propriedade de terras e registros governamentais.

7. Cidades Inteligentes e Mobilidade:

- O desenvolvimento de cidades inteligentes dependerá fortemente de dados geoespaciais para otimizar infraestruturas, serviços urbanos e mobilidade.

- A integração de veículos autônomos e sistemas de transporte inteligentes dependerá fortemente desses dados.

8. Colaboração e Padrões Abertos:

- A colaboração entre organizações e a adoção de padrões abertos serão cruciais para garantir a interoperabilidade e a troca eficiente de dados geoespaciais.

- Iniciativas globais podem surgir para padronizar a coleta, armazenamento e compartilhamento de informações geográficas.

9. Privacidade e Ética:

- A preocupação com a privacidade aumentará à medida que mais dados de localização forem coletados.

Novas regulamentações e práticas éticas surgirão para proteger os indivíduos.

- Ferramentas de anonimização e controle de dados podem se tornar mais proeminentes.

10. Educação e Conscientização:

- A educação em geoinformação se tornará uma parte fundamental dos currículos em diversos campos, capacitando profissionais a compreenderem e utilizarem dados geoespaciais de maneira eficaz.

Essas perspectivas representam apenas uma visão inicial do que está por vir. O futuro da geoinformação certamente será caracterizado por inovações contínuas, colaboração global e uma compreensão cada vez mais profunda do nosso mundo por meio dos dados geoespaciais.

20.3. Encorajamento à Exploração Continuada

Caro leitor,

Ao embarcar na jornada fascinante dos dados geoespaciais, você está abrindo as portas para um vasto universo de descobertas, inovações e aplicações impactantes. A exploração contínua nesse campo dinâmico oferece oportunidades de crescimento profissional e contribui para avanços significativos em diversos setores.

1. Pesquisa Multidisciplinar:
- Explore as interseções entre dados geoespaciais e outras disciplinas, como ciência da computação, biologia, economia e sociologia. Muitos avanços ocorrem nas áreas de convergência.

2. Inovações Tecnológicas:
- Esteja atento às últimas inovações tecnológicas, como inteligência artificial, aprendizado de máquina e realidade aumentada. Essas tecnologias estão moldando o futuro dos dados geoespaciais.

3. Aplicações Emergentes:
- Investigação contínua sobre aplicações emergentes, como cidades inteligentes, agricultura de precisão e saúde baseada em localização, oferece oportunidades para desenvolver soluções inovadoras.

4. Participação em Comunidades:
- Engaje-se em comunidades de geoinformação, participe de conferências, workshops e fóruns online. A troca de ideias com colegas e especialistas impulsiona o aprendizado e a descoberta.

5. Educação Continuada:
- Mantenha-se atualizado com cursos e certificações em evolução no campo de dados geoespaciais. A

educação continuada é crucial para acompanhar as rápidas mudanças nas tecnologias e práticas.

6. Exploração de Dados Abertos:

- Aproveite os benefícios dos dados abertos geoespaciais disponíveis. Muitas organizações e governos compartilham conjuntos de dados valiosos que podem ser explorados para estudos e projetos pessoais.

7. Projetos Práticos:

- Coloque seus conhecimentos em prática através de projetos pessoais. Desenvolver soluções práticas para desafios geoespaciais reforça o aprendizado e pode resultar em contribuições significativas.

8. Sensibilização Ética:

- Esteja ciente das considerações éticas na coleta e uso de dados geoespaciais. O desenvolvimento ético e responsável é vital para garantir a confiança e a aceitação generalizada dessas tecnologias.

9. Aproveitamento de Oportunidades Profissionais:

- Esteja atento a oportunidades profissionais em empresas, organizações governamentais e setores de pesquisa que buscam especialistas em dados geoespaciais. Seu conhecimento pode ser um ativo valioso.

10. Compartilhamento de Conhecimento:
- Contribua para a comunidade compartilhando seus conhecimentos. Blogs, artigos e tutoriais podem não apenas solidificar seu entendimento, mas também beneficiar outros profissionais e entusiastas.

Neste vasto campo de dados geoespaciais, a exploração é uma jornada constante de aprendizado e descoberta. Ao permanecer curioso, atualizado e comprometido, você não apenas expandirá suas habilidades, mas também desempenhará um papel significativo no avanço dessa disciplina dinâmica.

Continue explorando, inovando e contribuindo para o emocionante mundo dos dados geoespaciais.

Com entusiasmo,
Colaboradores Geo Report

www.ingramcontent.com/pod-product-compliance
Lightning Source LLC
Chambersburg PA
CBHW050721260726
48661CB00001B/14